优等生必知国学智慧书系

优等生一定要知道的寓言典故

编著
邵勋潜

花山文艺出版社

图书在版编目(CIP)数据

优等生一定要知道的寓言典故 / 邵勋潜编著. – 石家庄 : 花山文艺出版社, 2011.9(2021.6 重印)

("读·品·悟"优等生必知国学智慧书系)

ISBN 978-7-5511-0328-2

Ⅰ.①优…　Ⅱ.①邵…　Ⅲ.①语文课 – 课外读物

Ⅳ.①G634.303

中国版本图书馆 CIP 数据核字(2011)第 191706 号

丛 书 名：优等生必知国学智慧书系

书　　名：优等生一定要知道的寓言典故

编　　著：邵勋潜

策　　划：张采鑫

责任编辑：卢水淹

责任校对：齐　欣

特约编辑：李文生

全案设计：北京九洲鼎图书有限公司

出版发行：花山文艺出版社(邮政编码：050061)

　　　　　(河北省石家庄市友谊北大街 330 号)

销售热线：0311-88643221

传　　真：0311-88643234

印　　刷：永清县晔盛亚胶印有限公司

经　　销：新华书店

开　　本：650×1080　1/12

印　　张：11

字　　数：120 千字

版　　次：2011 年 9 月第 1 版

　　　　　2021 年 6 月第 2 次印刷

书　　号：ISBN 978-7-5511-0328-2

定　　价：36.00 元

前言

　　同学们爱听故事,这种爱好,几乎是与生俱来的。所以,课外读物应该是故事性的,而作为课本,因为课文体裁不同,加之篇幅有限,就很难做到这一点。

　　本书根据教育部最新制定的《义务教育语文课程标准》建议阅读书目编写,所选入的寓言均出自语文的新课标各版本教材。全书近一百一十个寓言典故,按汉语拼音顺序排列,体例上按出典、释义、故事和寓意等组成;充分考虑到学生的阅读兴趣和需求,能快速提高学生的语文理解水平,深入了解中国古代文化。本书故事生动、有趣,成为别具一格的学生课外辅导读物。

　　本书内容没有离开课本,但比起课本中的课文来,内容更丰富,形式更活泼,阅读起来也更有趣。它把略显枯燥的课本,又带回同学们所喜爱的故事境界。同学们在课外阅读这些有趣的故事,既能在愉快的氛围中获得休息,同时还能获得知识、明白道理、启迪智慧。无形之中,每一篇故事就延伸了课本的教育功能,同时也提高了教学质量。

●邵勋潜

2

3

4

爱钱胜命　　语出——唐·柳宗元《柳河东集》

释义

爱钱胜过爱惜生命。常用来比喻把金钱看得比生命还宝贵的人。

故事

永州的老百姓都很会游泳。一天,河流突然涨了很多的水,有五六个人乘小船横渡湘水。不料,船驶到河流中间时,被浪头打翻了,于是他们都下船游泳。其中有一个人竭尽全力也游得不远。他的同伴说:"你是最会游泳的,今天怎么落后了?"

他回答说:"我腰上缠着千金,太重了,所以落后了。"

同伴又说:"为什么不扔掉它呢?"

他没有回应,只是摇头。过了一会儿,他更加疲惫了。

已经游到岸上的同伴大声地向他呼喊道:"你太愚蠢了!你钱迷心窍了!命都保不住了,还要钱干什么?"

这个人只是摇着自己的脑袋,表示不肯扔掉钱,结果被淹死了。

寓意

这则寓言说的是那种典型的"把钱看得比自己的生命还重要"的人。当在钱财与生命之中必须作出选择的时候,这种人总是弄不清这两者哪一个更重要、更宝贵。正所谓"钱财乃身外之物",如果一个人没有了生命,就算他有再大的本事、再多的钱财,又有什么意义呢?同样,人们为了名利而不顾自身安危,也是值得惋惜的。

傍人门户

语出——北宋·苏轼《东坡志林》

释义

比喻依赖别人，不能自立。傍：依靠，依附。

故事

在古时候，春节时人们在桃木板上写了神名，挂在门边上以驱邪，叫桃符，后来演化成春联；在门上贴门神以镇邪。端午时，人们用艾草扎成人形，悬挂在大门上以消毒气。某一天，有一户人家门上的桃符和艾人吵了起来。

桃符仰面看着艾人，骂道："你是什么东西呀，竟敢住在我头上！"

艾人屈身向下，反唇相讥道："你已半截身子埋进土里了（从元旦到端午，大约已过了半年时间，再到元旦时，就会换上新的桃符，艾人因此才这样说），还与我争什么上下！"

桃符气得脸红脖子粗，与艾人大吵大嚷起来，不肯罢休。

门神实在听不下去了，就劝解道："你们别吵了，我们这等无用的人，都依附于别人的门户过日子，不能自立，哪里还有工夫争闲气呢？"

桃符和艾人听了门神的话，都羞愧得哑口无言。

寓意

这则寓言讽刺的是那些依赖他人、不能自主、没有什么本领，却偏偏还要互相攀比、争辩待遇高低的人，这种人实在是愚蠢、可怜至极。它告

诉我们,如果一个人想要获得别人的尊重和良好的待遇,自己就先要自立、自强,而不可依傍他人。

抱瓮灌园　　语出——《庄子·天地》

释义

比喻安于拙陋淳朴的田园生活。

故事

一天,孔子的弟子子贡到南方的楚国游历一番后返回晋国,路过汉阴时,他看到一个老翁正在菜园里种菜。老翁种好菜后,把一个瓦罐扎上绳,放入井中,等瓦罐盛满了水,再提上来,然后抱着瓦罐去浇菜。

子贡看到他非常费劲,而且功效很差,就上前对老翁说:"有一种汲水器,一天能浇灌一百畦菜地,用力很小而功效很大,您想不想用?"

老翁抬起头,看了看子贡,问:"那是一种什么样的器具?"

"那是一种用木头做成的器械,后面重,前面轻,汲水就像人从井里把水提到田里一样,但水流得很快。这种器械名叫桔槔(jié gāo,一种用杠杆原理制造的汲水器)。"子贡回答说。

老翁冷笑了几声,说:"我听我的老师说,用机械的人,一定会做投机取巧的事;而做这种事的人,一定有投机取巧之心;这种投机取巧之心存

在胸中,就不会具备纯粹素朴的天性;这种不具备纯粹素朴天性的人,肯定心神不定;而心神不定的人,便不能容载大道了。我不是不知道汲水器,而是感到羞愧而不愿用这种器具。"

子贡听了老翁的一席话,感到满脸羞惭,低头不再说话。过了一会儿,老翁问道:"你是干什么的呢?"

子贡说:"我是孔丘的学生。"

老翁满脸不屑地说:"你们自比圣人,盛气凌人,可人们并不听你们的那一套。你倘若遗忘你的神气,抛掉你的形体,差不多就接近大道了!你自身都不能修为,哪有工夫去治理天下呢!你走吧,别妨碍我的事情!"

子贡听了,惭愧不安,脸色失常,低着头匆匆走了。一直走了三十里路后,才恢复常态。他感叹地说:"我本以为天下只有我老师一个人够得上是圣人呢,竟不知道种菜老翁也是这种人。我曾听夫子说过,做事要适当,用功要讲究成效,用力少而功效大,才是圣人之道。现在看来却不是这样。掌握大道的德性全备,德性全备的形体健全,形体健全的精神圆满,精神圆满的才是圣人之道。"

后来,子贡回到鲁国,把自己遇到种菜老翁的事情告诉了孔子。孔子说:"他是个修炼混沌氏道术的人,只识天道,不识其他,修炼内心而忘记尘世间的一切俗事。他们心地明净,达到纯净的境界,追求的是返归自然,你怎么能不惊异呢?"

寓意

信仰不是一种学问,而是一种行为,它只有被实践的时候才有意义。所以,有些人为了某种信仰而奋斗着,他们的成功也是基于扎根心底的高尚的信仰。不管是孔子还是种菜的老翁都有自己的信仰,自己的精神追求。我们每个人也都有信仰的自由,而且,一个人只有拥有了高尚的信仰

才能更好地生活下去。为了我们心中的理想，为了我们灿烂的明天，坚持自己的信仰吧！

扁鹊治病　　语出——《韩非子·喻老》

释义

说明小问题要及早处理，不然会酿成大祸。

故事

春秋战国时期，有一位非常有名的医生，名叫扁鹊。他看病的本事十分高明，只要看一看就知道这个人有没有得病。

蔡桓公听说了，就派人把扁鹊找来。他对扁鹊说："你看我有没有病啊？"扁鹊站了一会儿，认真地看了看蔡桓公，然后说："大王，根据我的观察，您有小病在皮肤的纹理中，如果不治恐怕会加重。"

蔡桓公很不以为然，对扁鹊说："我的身体很好，我没有病。"扁鹊诚恳地对蔡桓公说："有很多病在它的初期是不容易被人察觉的。"蔡桓公摇摇头，对扁鹊不屑地说："我没有病！"扁鹊见蔡桓公不听劝告，就不说话了。扁鹊走后，蔡桓公对大臣们说："我看扁鹊这个人徒有虚名。医生就喜欢给没有病的人治病，以此显示自己的本领。"

过了 10 天，扁鹊又来拜见蔡桓公，并仔细观察了他的肤色，然后对他说：

"大王,您的病比上次严重了一些,已经在肌肤里了,如果不治恐怕将会更加严重。"蔡桓公没有理扁鹊。扁鹊见他听不进劝告,只好走了。蔡桓公又因为扁鹊而感到不高兴。又过了10天,扁鹊又拜见蔡桓公,郑重地对他说:"大王,我第一次拜见您时,您的病只在身体的表面;第二次见您时,您的病已经发展到肌肉中;现在,您的病已经发展到肠胃里了,如果再不治疗恐怕就更加严重了。"蔡桓公听了扁鹊的话仍不以为然,没有理他。扁鹊知道蔡桓公是不会听自己的劝告了,只好叹息着走了。蔡桓公又因为扁鹊而很不高兴。

又过了10天,扁鹊远远地看见蔡桓公,转身就跑。蔡桓公看见了扁鹊,觉得扁鹊的举动很奇怪,特地派人前去问他:"扁鹊,大王让我问你,为什么见到他就跑开呢?"

扁鹊深深地叹了一口气,说:"病在皮肤表面的时候,用汤剂和熨敷就可以治疗;病在肌肤里的时候,用金属针和石针就可以治疗;病在肠胃的时候,用火剂汤就可以治疗;病在骨髓的时候,那是掌管生死的神所管辖的地方,医药已经没有办法了。现在大王的病已经在骨髓里,我没有办法给他治好了,所以我就不再请求拜见他了。"

过了5天,蔡桓公感到身体很疼痛,想起了扁鹊说过的话,于是急忙派人去请扁鹊。扁鹊知道蔡桓公一定会派人去请他,早就逃到秦国去了。

没过几天,蔡桓公就病死了。

寓意

这则寓言告诉我们:有病要赶快医治,如果掉以轻心,讳疾忌医,小病就会拖成大病,再治就来不及了。它还告诫我们,不论做什么事情,都决不可凭主观臆断一意孤行,而应该倾听他人有益的建议,采纳合理的意见,修正自己的错误。只有这样,才能早日发现问题、解决问题,避免造成重大的损失或使事情发展到无法挽回的地步。

不曾杀陈佗

语出——三国魏·邯郸淳《笑林》

释义

没有杀过陈佗。现指一个人应以诚实、谦虚的态度去对待知识，不应不懂装懂。

故事

有一个人想拜见县官求个差事。为了投其所好，他事先找到县官手下的人，打听县官的爱好。他向县官的随从问道："不知县令大人平时有什么爱好？"

县官手下的人告诉他说："县令无事的时候喜欢读书。我经常看到他手捧《公羊传》读得津津有味，爱不释手。"

这个人把县官的爱好记在心里，满怀信心地去拜见县官。县官问他："你平时读些什么书？"

他连忙讨好地回答说："别的书我都不爱看，一心专攻《公羊传》。"

县官接着问他："那么我问你，是谁杀了陈佗呢？"

这个人其实根本没有读过《公羊传》，不知道陈佗是书中人物。他想了半天，以为县官问的是本县发生的一起人命案，于是吞吞吐吐地回答说："我平生不曾杀过人，更不知有个叫陈佗的人被杀。"

县官一听，知道这个人并没有读过《公羊传》，才回答得如此荒唐可笑。县官便故意戏弄他说："既然陈佗不是你杀的，那么你老实地回答，陈佗到底是谁杀的呢？"

这人见县官还往下追问，更加惶恐不安起来，于是吓得连鞋子也来不

及穿，就狼狈不堪地跑出去了。别人见他这副模样，问他是怎么一回事，他边跑边大声说："我刚才见到县令大人，他向我追问一桩杀人案，我以后再也不敢来了。等这桩案子搞清楚后，我再来吧！"

寓意

这则寓言告诫我们：一个人为人处世必须老实，切莫夸夸其谈、自我狡辩，自己明明不是内行却冒充内行，这样只能贻笑大方。

不龟（jūn）手药   语出——《庄子·逍遥游》

释义

防治皮肤冻裂的药。比喻平常的东西，如果使用得法，也能发挥很大的作用。龟：同"皲"，破裂，皮肤因寒冷干燥而开裂。

故事

庄子，名周，字子休，是我国战国时期著名的思想家。他有个好朋友，名叫惠施。两个人来往很密切，经常在一起讨论问题。

一天，惠施对庄子说："魏王送给我大葫芦的种子，我把它种下地，结出的大葫芦可以容纳 5 石重量的东西。我想拿大葫芦来盛水，它又不够坚固，

无法把它举起来。我想把它分剖开来做瓢,它又形体太大,没有地方可以安放。这个葫芦确实很大,但我认为它没有什么用处,所以把它打碎了。"

庄子听了,露出不以为然的神色,说:"你真是不善于把事物往大处使用啊!"

惠施说:"那么,你说该怎么办呢?"

庄子说:"我先给你讲个故事。从前有个宋国人,善于制造防止手皲裂的药物,他家世世代代都依靠这种药,做漂洗丝绵的行业。有个外地客人听说了这种药,就特地赶来,表示愿意用一百金买下他的药方。这个宋国人就召集全家人一起商量。他们认为世世代代靠这种药漂洗丝绵,一年所得不过数金,现在一旦卖出这个药方,就可以得到一百金,因此决定把药方出售。这个外地客人买得了药方,就去游说吴王。当时,恰巧越国出兵侵犯吴国,吴王就派他当将军,带领军队和越国作战。这个人利用这种药,使吴军虽然在冬天水战,皮肤也不冻裂,因此把越国人打得大败。于是,吴王就划出一块地,封赏给这个人。你看,同样一个防止手不冻裂的药方,有人靠它得到封赏,有人却只会用它来漂洗丝绵,这就是因为使用的方法不一样啊。"

惠施觉得庄子讲得很有道理,连连点头。

接着,庄子又对惠施说:"如今你有 5 石容量的大葫芦,为什么不把它系在腰边,作为腰舟,到江湖之上到处浮游,却反而愁它太大,无法容纳东西? 可见你的见解多么狭隘啊!"

寓意

这则寓言说明,就算是平常之物,若使用得当,也可发挥大作用。它提示人们:对事物首先要有全面的认识,进而掌握其各种使用方法和运用途径,这样才能做到物尽其用、人尽其才,才能充分发挥其效能。

不死药

语出——《韩非子·说林上》

释义

吃了可以让人长生不死的药。形容帝王、方士求仙的荒诞之事。

故事

古时候,有一个人拿着吃了可以长生不死的药来到楚国,要将这不死药敬献给楚王。

宫廷的通报官捧着药进入宫中。

一个宫中的卫士看见后问道:"你手里的东西可以吃吗?"

通报官说:"是可以吃的。"

于是,卫士从通报官手里夺过药就把它吃下去了。

楚王知道后非常生气,立即派人把卫士抓了起来,要将他斩首示众。

这个卫士托人对楚王说:"我曾问过通报官这药可不可以吃,他说可以吃,所以我才吃的。这件事我没有罪,有罪的乃是通报官呀。话又要说回来,如果客人敬献给大王的是长生不死的药,我吃了这药大王就要杀我,说明这药是死药,那就是客人欺骗了大王啊!如果大王您杀了我一个没有罪的小臣,就说明别人欺骗了大王您啊!您倒不如免我无罪,把我放了。这么一来,世人将会称颂您的英明和大度。"

楚王听了这番话后,觉得很有道理,于是就下令把卫士放了。

寓意

这则寓言说明了"不死药"的荒诞和迷信不死者的愚蠢可笑。同时,它也告诉我们,只要有智慧的头脑,一个"小人物"也可以战胜"大人物"。在日常生活和学习中,我们也要充分运用自己的智慧,开动我们的头脑啊!

蔡邕(yōng)听琴

语出——南朝宋·范晔《后汉书》

释义

形容伯乐难求。

故事

东汉末年,有个很有名的人物,名叫蔡邕。他不但是一个文学家、书法家,而且还是一个著名的音乐家。

有一年,蔡邕住在陈留,一个朋友请他前去赴宴,他便应邀而去。他走到朋友家附近,听到从朋友家中传出阵阵琴声。他知道是他的朋友在弹琴,就一边向前走,一边侧耳细听。听着听着,他忽然觉察到琴声中竟隐含着杀机,不由站住了,自言自语地说:"奇怪,他弹的分明是召请客人的曲调,为何乐声中却含着杀机? 我还是不要赴宴了,回去吧!"

于是,蔡邕便转身往回走。不料,他朋友家看门的仆人已经看见了他,便连忙跑去向主人禀报。蔡邕的朋友听了,急忙追了出来,把他请到家里,并问他为什么来而复返。蔡邕就把自己刚才从琴声中听到杀机的事说了。朋友惊奇地问:"刚才我在弹琴的时候,看到一只螳螂正在捕蝉,难道这也会在琴声中表现出来吗?"

"是啊! 正因为这一点,我才从琴声中听出了杀机。"蔡邕回答说。朋友听了,对蔡邕十分佩服。

后来,蔡邕因得罪了汉灵帝遭到流放,在江湖上亡命十多年。一次,他流亡到了吴地,偶然看到一个吴人正把一段上好的桐木当柴烧,桐木在火中发出清脆的爆裂声。他急忙上前阻止,把那段桐木从火中救了出来,

并说道:"这是制琴的上等桐木,你怎么舍得把它烧掉?"

那吴人朝蔡邕看了一眼,说:"我不懂制什么琴,你要的话,那就送给你好了!"

蔡邕很高兴,向吴人道了谢,就把那段桐木带回家中,制成了一架琴。那架琴弹起来琴音清越,美妙绝伦,蔡邕心中高兴极了。

因为这架琴的琴尾上有焦痕,蔡邕便把这琴命名为"焦尾琴"。

寓意

这则寓言告诉我们:当一个人在某一个领域内取得很深的造诣时,他才能从中领略到一般人无法领略到的东西,从而获得别人的尊重和敬仰。它还启示我们,一定要爱惜人才、尊重人才,要善于发现别人的才能并合理地使用,努力做到人尽其才、物尽其用。

草书亦自不识

语出——北宋·释惠洪《冷斋夜话》

释义

不认识自己所写过的字。形容所写的字迹十分潦草,连自己都识别不出究竟是什么字。

故事

宋朝有个丞相叫张商英，他爱好书法，尤其喜欢写草书。闲来无事，他便提笔龙飞凤舞一阵，甚是得意。其实，这张丞相的书法很不到家，字写得既不合体统也不工整，但他还孤芳自赏。当时，许多人都讥笑他，而他却毫不在意，依然我行我素，按他的老习惯写字。

有一天饭后，张丞相小憩片刻，突然来了诗兴，偶得佳句，当即便叫小童磨墨铺纸。他提起笔来一阵疾书，只见满纸一片龙飞蛇走，着实让人难以辨认。张丞相写完后，摇头晃脑得意了好一阵，似乎还意犹未尽。于是，他叫来侄子，让侄子把这些诗句抄录下来。

丞相的侄子拿过纸笔，准备用小楷将诗句抄录下来。可是他要看好半天才能辨认出一个字来，碰到那些笔画曲折怪异之处，他只好连猜带蒙。可是有些地方，他实在是怎么看也看不懂，不知从哪里断开才对。他实在没有办法，只好停下笔来，捧着草稿去问张丞相："这是什么字啊？"

张丞相拿着自己的大作，仔细看了很久，也辨认不清自己到底写的是什么字。他觉得颇有些下不来台，便责骂侄子说："你为什么不早些来问我呢，以致我现在也忘记自己写的是什么了！"

寓意

这则寓言告诉我们，凡事皆需有"度"，不要自以为是，坚持自己的错误，更不能强词夺理为自己辩护，推诿责任，怪罪他人，否则只会使自己显得更加愚蠢可笑。

痴心妄想

语出——明·江盈科《雪涛小说》

释义

一心想着不可能实现的事。也指愚蠢荒唐的想法。

故事

有一个人非常贫穷，每天都过着吃了上顿没有下顿的生活。即使这样，他还是不愿意脚踏实地地干活，一天到晚做着发财的美梦。

一天，他出去的时候，偶然在草堆里拾到了一个鸡蛋，这下可把他高兴坏了。他兴冲冲地奔回家去，还没进门就大叫："我有家产了！我有家产了！"妻子忙问："家产在什么地方呢？"他小心翼翼地拿出拾来的鸡蛋给妻子看，说："这个就是。只不过必须等到10年之后，家产才能有呢。"

于是，他和妻子商量说："我拿这个鸡蛋去找邻居，借他家正在抱窝的母鸡孵它。小鸡长大后可以下蛋，一个月可以孵出15只鸡。两年之内，鸡生蛋，蛋生鸡，这样可以得到300只鸡，300只鸡就能够换来十金。我用这十金可买来5头母牛，母牛又生母牛，3年以后可以得到25头母牛。母牛生下的小母牛，又可以再生母牛，再过3年就可得到150头牛，这样，就可以换得三百金了。我拿着这三百金去放高利贷，3年之内又可以得到五百金。我用其中的三分之二买房置地，用三分之一买童仆、小妾，我便可以与你一起快乐自在地度过晚年了，这不是很快活的事吗？"妻子刚开始听还好，后来听丈夫说要买小妾，顿时火冒三丈，一巴掌将那个鸡蛋打碎了，愤愤地说："不能留下这个祸根！"

这个人一看那个鸡蛋和自己的梦想都被打碎了，非常生气，取过鞭子

就狠狠地抽打妻子。打完还不解气,他又到衙门去告状,说:"这个恶妇,将偌大的家业败得一文不剩,我请求官老爷杀了她!"官老爷奇怪地问:"你的家业在哪里呢?现在又败成什么样子?"这个人便从拾到一个鸡蛋说起,一直说到要买小妾,原原本本地告诉官老爷。官老爷想了想,就命令衙役把他的妻子抓了起来,呵斥她说:"这么大的一个家业,被你这个恶妇一巴掌就毁尽了,不杀了你不足以抵罪!"接着他就下令架起油锅,将油烧得滚开。

那人的妻子见状吓得面无血色,号啕大哭起来:"官老爷,您可得给我做主啊!我是冤枉的啊!""说,你还有什么冤情!""我丈夫说的一切都是还没有成为事实的事,为什么要烹我呢?"官老爷说:"你丈夫说买妾,也是没有成为事实的事,你为什么要嫉妒呢?"那人的妻子说:"道理是这样,但是铲除祸根要趁早啊!"官老爷听了笑了笑,便把她放走了。

寓意

这则寓言有力地讽刺了那些做不切实际的妄想的人。它告诉我们:不管做什么事,都要脚踏实地,千万不能把虚幻的东西作为根基。

杵臼(chǔ jiù)之交

语出——南朝宋·范晔《后汉书》

释义

比喻交朋友不计较贫富和身份地位。杵臼:春米的工具。

故事

东汉时期,有一个名叫公沙穆的读书人。虽然家境十分贫困,但他却很有志向,整天孜孜不倦地读书,获得了不少知识。可是他并没有感到满足,而是还想东游太学,继续钻研学问。公沙穆家里穷得经常揭不开锅,哪里有钱供他入太学学习呢?于是,公沙穆想了一个办法:他脱下读书人穿的衣服,穿起干活人穿的衣裳,到一个富户家里去当春米工人,希望靠自己的劳动挣一点儿钱,然后再去求学。

公沙穆做工的这家富户,主人姓吴名祐,是当时朝廷的官员,曾经担任过齐相、长史等官职。有一天,公沙穆正在春米,吴祐闲来无事,便信步走到公沙穆身边。吴祐觉得公沙穆不像个做工的人,倒像个知书识礼的读书人,于是就和他攀谈起来。闲谈之中,吴祐发现公沙穆学识渊博,才智过人,很有见解。吴祐非常惊奇,便和他在杵臼之前交上了朋友,并且慷慨地资助他入太学深造。

在封建社会森严的等级观念约束下,一个达官贵人能够屈尊与一个穷苦的读书人交朋友,实在是难能可贵、世所罕见,所以这件事后来就成为佳话流传开了,人们将吴祐与公沙穆称为"杵臼之交"。

寓意

这则寓言告诉我们，交朋友不应以贫富贵贱为标准，而更应看重一个人的才识和品行。

楚人渡河　　语出——《吕氏春秋·察今》

释义

指那些思想僵化、停滞，不能随着客观情况的变化而及时改变自己行动的人。

故事

楚国人准备偷袭宋国，进军的路线是打算渡过滩河抄近道走，这样可以在宋国人没有任何防备的情况下一举获胜。

楚国经过周密谋划，先派人到滩河边测量好水的深浅，并在水浅的地方设置了标记，以便偷袭宋国的大部队能沿着标记顺利渡河。

不料，当楚国军队开始渡河的时候，滩河水突然大涨，而楚国人并不知道这个情况。部队在经过滩河的时候依然照着原来作的标记渡河，加上又是夜间，士兵、马匹大批踏入深水和旋涡之中，被湍急的滩河水搅得人仰马翻，惊骇不已。一时间，滹河水里人喊马嘶，一片混乱，简直像数不清的房屋在倒塌一般。就这样，楚国军队一下子被淹死一千多人，侥幸没死的也无法前进，只好无功而返。

楚国人在设置标记的时候，方法当然是正确的。如果河水不涨，他们是可以依照标记渡过去的。可是后来情况发生变化了，由于河水暴涨，水位升高了很多，水位已和标记不相符，而楚国人在不知有变化的情况下，仍然按照原来的线路渡河，当然只会遭到惨败了。

寓意

这则寓言告诉我们：世界上许多客观情况都是在不断变化的，人们的认识也应该随着客观情况的变化而变化。在日常生活和学习中，我们应该随时根据新情况采取相应的措施，如果仍然按照老规矩、老一套办事，其结果只能是吃亏或失败。

楚人患狐　　语出——明·刘基《郁离子》

释义

指一味生搬硬套过去的经验，不知根据具体情况进行变通的人。

故事

楚国有一个深受狐狸祸害的人,他想方设法捕捉狐狸,但是都没有捉到。

有一天,别人教给他一个办法,说:"老虎是山中的猛兽之王,天下的野兽见了它,都会吓得失魂落魄,趴在地上等死的。"于是,他找人做了一个老虎模型,拿一张老虎皮蒙在上面,然后放在窗下。狐狸溜进来碰见老虎,叫了一声便跌在地上。

又有一天,野猪糟蹋他田里的庄稼,他又叫人把老虎模型埋伏起来,叫自己的儿子拿着戈在大路上把守着。田里的人一齐叫喊,野猪逃奔到树丛,恰好遇到老虎模型,返身就往大路上奔走,一下子就被捉住了。这个楚国人高兴极了,以为老虎模型可以降伏天下所有的野兽。正在此时,野外出现了一个像马的动物,他又披着老虎模型迎上去。

别人劝阻他说:"这是駮(bó)呀,真老虎都不敢抵挡它,你去了一定会遭殃的!"这个人不听劝告,迎了上去。那像马的动物大吼一声便冲到他面前,一下子就把他抓住了,使劲地咬。最后,这个楚国人的脑袋被咬破了,就这样悲惨地死去了。

寓意

这则寓言告诉人们,处理事情要具体问题具体分析,有些方法在一定条件下运用是恰当的,但不能误认为这些方法可以无往而不胜,更不能把一时、一地、一事的经验当做普遍真理生搬硬套,否则必然会失败。

楚王好细腰

语出——《墨子·兼爱》

释义

说明下属一味迎合上级的癖好,只会导致歪风邪气的上升。要:通"腰"。

故事

从前,楚灵王喜欢在上朝时看到臣子们有细细的腰身,他认为只有这样才能赏心悦目,才能使满堂生辉。有些生得苗条柔弱的大臣因此而受到了楚灵王的赞美,得到了提拔和重用。

这样一来,满朝的文武大臣们为了赢得楚灵王的欢心和宠信,便千方百计地减肥,拼命地使自己的腰围变小。

他们不约而同地注意节制饮食,强迫自己一天只吃一顿饭,为此饿得头昏眼花也在所不惜。有的大臣更是摸索出了一套快速减肥的绝招,那就是每天早晨起床穿衣时,首先做几次深呼吸,挺胸收腹,然后将气憋住,再用宽带将腰部束紧。

经过这样一番折腾之后,许多人便渐渐失去了独立支撑身体的能力,往往需要扶住墙壁才能勉强站立起来。

经过如此这般整整一年的折磨之后,楚国满朝的文武官员们都变得面黄肌瘦、形容枯槁、弱不禁风,一个个犹如废人。

试问:他们这样又怎能担当得起治理国家、保卫疆土的重任呢?

寓意

　　这则寓言反映了"上行下效"的道理,即上面的人喜欢什么、提倡什么、宣扬什么,下面的人就会形成一种什么样的风气。拿学校来说,就是老师喜欢什么、宣扬什么,下面的学生也会受到一定的影响。若老师的喜好是正面积极的还好,若是负面消极的,则会对学生造成不良影响。所以作为学生不要一味迎合老师的喜好,而要有自己的判断力,以免"误入歧途"。

呆若木鸡

语出——《庄子·达生》

释义

呆得像木头鸡一样。现用来形容因恐惧或惊异而发愣的样子。

故事

春秋时期,齐鲁之地流行着一种斗鸡的娱乐活动。上至国王,下至百姓,对斗鸡都表现出极大的兴趣,每年都要举行全国性的斗鸡比赛,得胜的鸡立刻身价倍增,而鸡的主人,也觉得很光荣。

要使鸡善斗,不仅要选优良的品种,还要有高手训练。有一位名叫纪渻子的人,是训练斗鸡的行家,齐王听说后,就请他来为自己训鸡。齐王很关心训鸡的进展情况,过几天就来看看。十天以后,他见鸡昂首挺胸,一副好斗的模样,就问:"这鸡训得差不多了吧?"纪渻子说:"鸡的性情骄矜,高昂着头,瞧不起别人,这还不行啊!"

又过了十天,齐王忍不住又来问:"这回鸡训练好了吧?"纪渻子回答说:"不行啊,别的鸡走动或叫唤,它还受到影响,这不算成功。"

一个月过去了,纪渻子还一点儿动静也没有,齐王很着急,每天都往训鸡的地方跑。纪渻子知道齐王的意思,就主动对他说:"这鸡还没有完全训好。它的意气过于强盛,心神过于激动,眼睛看东西太急切。还得训练一些日子,要训练得它沉得住气。"

纪渻子一直把斗鸡训练了四十天,才告诉齐王,鸡训好了,可以参加比赛了。他把那只鸡放在鸡群里,要齐王仔细观察,并说:"你看这鸡,既不骄矜,心神又安定,别的鸡叫唤挑衅,它也不害怕,看上去好像一只木头

做的鸡，不惊不动，别的鸡看到它都吓跑了，谁也不敢同它斗。这只鸡去参加比赛，保证天下无敌！"

齐王听了纪渻子的话，非常高兴。

寓意

不骄不躁，心神安定，面临危机还能够岿然不动，这是难得的境界。这样的鸡能够所向披靡，这样的人能够立于不败之地。

我们在面对危机和挑战的时候，总是难免紧张和困惑，总是既想搏一回又害怕失败，结果心神不宁，最终导致一败涂地。其实，并不是那些困难打倒了我们，而是我们自己打败了自己。因为我们的内心不够强大，所以才会被那些外界的因素所干扰，才会被那些无谓的羁绊乱了心神。

戴嵩(sōng)画牛

语出——北宋·苏轼《东坡志林》

释义

指凡事都应从客观事实出发，不可凭空想象。

故事

四川有个杜处士，平时很喜欢收藏书画。他收藏的珍贵书画作品有

几百件，其中有一幅是名画家戴嵩画的《斗牛图》，他尤其珍爱，视之若宝，用锦缎做成画袋，用玉石做成画轴，经常随身携带着，供亲戚、朋友们观赏。

有一天，杜处士打开书画在厅堂前晾晒，这时候有个牧童看见了戴嵩画的牛，不禁暗暗发笑。杜处士见了觉得很奇怪，就问牧童："你懂画吗？这张图有什么可笑啊？"

牧童笑着说道："我并不懂得画，但却非常了解活生生的牛。牛打架的时候，力气用在角上，一定会把尾巴紧紧地夹在两腿之间，就算力气再大的人也没办法把它拉出来。可是你看这张《斗牛图》，两头牛气冲冲地在打斗，但它们的尾巴却举得高高的。这和实际情形根本不一样嘛！"

杜处士听了，笑着点了点头，觉得牧童说得很对，对他的见识非常佩服。

寓意

这则寓言告诉人们，名人也有失误之时，切不可迷信权威；文艺是生活的再现，因此必须以生活的真实作为衡量艺术真实的标准。任何人都要向生活学习，要从客观事实出发，要认真、仔细地观察事物，不能凭空想象，因为实践才是检验真理的唯一标准。

德比才重要

语出——《韩诗外传》

释义

一个人的品德比才能更加重要。

故事

春秋时期,魏国国君魏文侯当政时,阳虎做官获了罪。他四处逃避,最后逃到北方的晋国,投奔到了赵简子的门下。

见阳虎失魂落魄的样子,赵简子问他说:"你怎么变成这个样子了呢?"

阳虎伤心地说:"从今以后,我发誓再也不培养学生了!"

赵简子问道:"这是为什么呢?"

阳虎懊丧地说:"多年来,我辛辛苦苦地培养了那么多人才,当朝大臣中,经我培养的人已超过了半数;地方官吏中,经我培养的人也超过半数;那些镇守边关的将士,经我培养的同样超过半数。可是没想到,就是由我亲手培养出来的这些人,他们在朝廷做大臣的,离间我和君王的关系;做地方官吏的,无中生有地在百姓中败坏我的名声;更有甚者,那些领兵守境的,竟亲自带兵来追捕我!想起来真让人心寒哪!"

赵简子听了,深有感触。他对阳虎说:"只有品德好的人,才会知恩图报;那些品质差的人,他们是不会这么做的。你当初在培养他们的时候,没有注意挑选品德好的加以培养,才落得今天这个结果。比方说,如果你栽培的是桃李,那么,除了夏天你可以在它的树阴下乘凉休息外,秋天还可以收获那甜美的果实;如果你种下的是蒺藜呢,不仅夏天乘不了凉,到

秋天你却只能收到扎手的刺。在我看来,你所栽种的,都是些蒺藜呀!所以你应该记住这个教训,在培养人才之前就要对他们进行选择,否则等到培养完了再去选择,就已经晚了。"

阳虎听了赵简子的话,点头称是。

寓意

这则寓言告诉我们,一个人的品德比才能更加重要,所以在培养或任用人才的时候,应该有所选择,分清良莠,不应只看重其才能,更应看重其品德。同样,我们在交朋友的时候,也应看重朋友的品德,不应只看重其成绩和能力。

得意忘形的老虎　语出——唐·皮日休《皮子文薮》

释义

高兴得忘了常态的老虎。形容因过分高兴而忘了平常状态的人。

故事

从前有一个农夫,他的地在一片芦苇地的旁边。那芦苇地里常有野兽出没,他担心自己的庄稼被野兽破坏,就总是拿着弓箭到庄稼地和芦苇

地交界的地方去来回巡视。

有一天，农夫又来到田边看护庄稼。一天下来，没有什么事情发生，平平安安地到了黄昏时分。农夫感到确实有些累了，就坐在芦苇地边休息。

忽然，他发现芦苇丛中的芦花纷纷扬起，在空中飘来飘去。他感到十分疑惑："奇怪，我并没有靠在芦苇上摇晃它，这儿也没有什么风，芦花怎么会扬起来呢？莫非苇丛中有什么野兽在活动？"

这么想着，农夫提高了警惕，悄悄站起身来向苇丛中张望，想看看是什么东西隐藏在那里。过了好一会儿，他才看清原来是一只老虎，只见它蹦蹦跳跳的，时而摇摇脑袋，时而晃晃尾巴，看上去好像十分高兴。

老虎为什么这么高兴呢？农夫想了想，认为它一定是捕捉到什么猎物了。那只老虎得意得简直忘了形，完全忘记了注意周围有什么危险，屡次从苇丛中跳起，将自己的身体暴露在农夫的视线里。

于是，农夫悄悄藏好，用弓箭瞄准了老虎现身的地方，趁它又一次跃起，脱离了苇丛的遮蔽的时候，就一箭射了过去。那只老虎立刻发出一声凄厉的叫声，扑倒在苇丛里。

农夫过去一看，只见老虎前胸插着箭，身下还枕着一只死獐子。

寓意

这则寓言告诉我们，任何时候都不要被一时的胜利冲昏头脑，不要掉以轻心，不要丧失对危险的警惕，否则就会遭到失败或埋下隐患。

东郭先生

语出——明·马中锡《东田集·中山狼传》

释义

指因救助被人追逐的中山狼,差点儿被狼吃掉的东郭先生。借指对坏人讲仁慈的人。

故事

晋国大夫赵简子率领众随从到中山去打猎,途中遇见一只像人一样直立的狼。那只狼狂叫着,挡住了他们的去路。赵简子立即拉弓搭箭,一箭射去,连箭羽也射进狼身体里去了。狼大叫一声,扭头就逃。赵简子见此大怒,驾车追赶,车马扬起的尘土遮天蔽日。

这时候,一个信奉墨子学说的东郭先生正站在驮着一大袋书简的毛驴边向四处张望。原来,他要前往中山国求官,走到这里迷了路。正当他面对岔路犹豫不决的时候,突然蹿出来一只狼。那狼哀怜地向东郭先生求救。东郭先生见它可怜,就决定救它。他拿出书简,腾空口袋,把狼装了进去,又把袋子扛到驴背上,然后就退避到路边,等着赵简子等人过去。

不一会儿,赵简子来到东郭先生跟前,但是没有从他那里打听到狼的去向,因此愤怒地拔剑斩断了车辕,并威胁说:"谁敢知情不报,下场就跟这车辕一样!"东郭先生匍匐在地上说:"虽说我是个蠢人,但还认得狼。它生性贪婪凶狠,与豺为伍作恶。您能除掉它,我本来就应当尽力以效微薄之力,又怎会隐藏它而不说呢?"赵简子听了,只好掉转车头走了。

赵简子等人远去后,狼就让东郭先生把它从口袋里放了出来。谁知,狼一出袋子就要吃东郭先生。东郭先生急中生智,对狼说:"这样吧,如果

有三位老者都说你应该吃我，我就让你吃。"狼高兴地答应了。结果，老杏树和老母牛都说东郭先生应该被狼吃掉。狼听了高兴极了，就要扑向东郭先生。

正在这时来了一位拄着藜杖的老人。东郭先生忙请老人主持公道。老人听了事情的经过，叹息地用藜杖敲着狼说："你不是知道虎狼也讲父子之情吗？为什么还背叛对你有恩德的人呢？"狼狡辩地说："他用绳子捆绑我的手脚，用书压住我的身躯，分明是想把我闷死在不透气的口袋里，我为什么不吃掉这种人呢？"老人说："你们各说各有理，我难以裁决。俗话说'眼见为实'。如果你能让东郭先生再把你往口袋里装一次，我就可以依据他谋害你的事实为你作证，这样你岂不有了吃他的充分理由？"狼高兴地听从了老人的劝说，让东郭先生又把它装进了袋子里。

老人轻声对东郭先生说："像这样忘恩负义的禽兽，还不忍心杀，你固然是仁慈的，然而也太愚蠢了！仁慈得陷入愚蠢，本来就是君子所不赞成的啊。"老人说完大笑起来，东郭先生也笑了。于是，老人动手帮东郭先生拿匕首共同杀死了狼，把狼的尸体扔在路上走了。

寓意

这则寓言告诫我们，对像狼一样的坏人，在任何时候、任何情况下，都不能有丝毫的同情，不能心慈手软，因为对坏人的宽容就是对自己的残忍，对坏人的怜悯就是对自己的残酷。

东施效颦　语出——《庄子·天运》

释义

比喻盲目模仿，效果很坏。效：仿效。颦：皱眉头。

故事

春秋末年，越国苎（zhù）罗（今浙江省诸暨市南）有个美女，名叫西施。她本姓施，因为家住若耶溪西岸，所以乡里人都叫她西施。

西施所在的越国，曾经被吴国打败，几乎要亡国。越王勾践听从大夫范蠡（lí）的计谋，将从民间选来的西施献给吴王夫差，使西施成为夫差最宠爱的妃子。因夫差沉湎于女色，放松了对越国的戒备，越国君臣才得以卧薪尝胆，发愤图强，后来终于攻灭了吴国。

西施长得非常漂亮，人人见了都夸她。由此还发生了一件很有意思的事。

若耶溪东岸也有个姓施的姑娘，长得却很丑，大家管她叫东施。东施长相难看，却偏偏喜欢学漂亮姑娘的打扮、姿态和动作。她特别羡慕长得那么漂亮的西施，因此西施穿什么样的衣服，她也穿什么样的衣服；西施梳什么样的发型，她也梳什么样的发型；甚至西施走路时什么样子，她走路时也是什么样子。总之，她什么都要跟西施学。

一次，西施心口疼，走路时双手按住胸部，同时紧皱双眉。乡里人见了，都同情地说："唉，这姑娘怎么得了这种病，瞧她的模样，准是疼得难受，真可怜！"

这时，正好东施也到西岸来看西施有什么新的姿态。她看到西施那

种痛苦的模样,马上睁大了眼睛,认真把那种姿态、神情记在了心里。回到村里,她也学着西施的样子,捧住胸口,紧皱眉头。东施的模样使村里的人都大吃一惊,有钱人紧紧地关住大门不出来,穷人则带着妻子儿女远远地跑开了。

东施知道西施皱着眉头很美,却不知道为什么皱着眉头美。

其实,西施本来就长得很美,即使捧心皱眉,人们看上去也觉得美。但东施本来就长得很丑,再捧心皱眉,就显得更丑,所以人们都吓得不敢看她了。

寓意

这则寓言告诉我们:不明白事情的缘由,或者没有正确衡量自己的能力,就盲目地、机械地效仿别人,只会得到相反的效果。

夫妻妒影

语出——唐·释道世《法苑珠林》

释义

说明嫉妒出于无知。

故事

古时候,有一对夫妇,他们的心胸很狭窄,总爱为一点儿小事争吵不休。

有一天,妻子做了几样好菜,想到如果再来点酒助兴就更好了。于是她就拿瓢到酒缸里去取酒。她探头朝缸里一看,瞧见了酒中倒映着自己的影子。她也没有细看,一见缸中有个女人,就以为是丈夫对自己不忠,偷着把女人带回来藏到了缸里。嫉妒和愤怒一下子冲昏了她的头脑,她连想都没想就大声喊起来:"喂,你这个死鬼!竟敢瞒着我偷偷把别的女人藏在缸里面!你快给我过来,看你有什么话可说?"

丈夫听得糊里糊涂的,不知道发生了什么事情,赶紧跑过来看。他往缸里一瞧,看见了自己的影子。他一见是个男人,也不由分说骂了起来:"你这个坏婆娘!明明是你领了别的男人回家,暗地里把他藏在酒缸里面,反而来诬陷我,你到底安的是什么心?"

"好哇,你还有理了!"妻子又探头往缸里看,见还是先前的那个女人,以为是丈夫故意戏弄她,不由勃然大怒,指着丈夫说:"你以为我是什么人,任凭你哄骗吗?你……你太对不起我了……"妻子越骂越气,举起手中的瓢就向丈夫扔过去。

丈夫侧身一闪躲开了。见妻子不仅无理取闹还打自己,他也不甘示

弱,伸手给了妻子一个耳光。这下可不得了,俩人打成一团,又扯又咬,简直闹得不可开交。

这时,一个道人正好从他们家门前经过,见状忙上前劝阻。问明缘由后,道人心里顿时明白了大半,随即从旁边拿起一根木棍,用力朝那酒缸打过去。只听"咣啷"一声,酒缸被打破了,葡萄酒从破碎的酒缸中汩汩流了出来。不一会儿,葡萄酒流光了,缸里也就没有人影了。

夫妻二人这才明白他们嫉妒的只不过是自己的影子而已,感到十分羞愧。于是,他们就互相道歉,又和好如初了。

寓意

这则寓言说明,人与人之间的忌妒会令人冲昏头脑,伤害和气,即使是夫妻之间相互忌妒,也会带来白白浪费资财甚至破坏感情的恶果。这则寓言告诫我们,遇到怀疑的事情,不要过早下结论,要客观、理智地去分析,这样才能了解真相。

高价买邻

语出——唐·李延寿《南史·吕僧珍传》

释义

南朝梁时宋季雅为了与吕僧珍为邻,不惜重金购买宅院。后多用于指拣选邻居,择地而处。也比喻好邻居千金难买。

故事

南朝时候,有个叫吕僧珍的饱学之士,生性诚恳老实,从不跟别人耍心眼。吕僧珍的家教极严,对每一个晚辈他都耐心教导,严格要求,注意监督。因而他家形成了优良的家风,家庭中的每一个成员都待人和气、品行端正。他家的好名声远近闻名。

南康郡守宋季雅是一个正直的人,为官清正廉洁,秉公执法,从来不屈服于达官贵人的威胁利诱,为此得罪了很多人。一些大官僚都视他为眼中钉、肉中刺,总想除去这块心病。终于,季雅被革了职。

季雅被罢官之后,一家人只好从原来的府第中搬了出来。季雅不愿随随便便找个地方住下,可是搬到哪里去呢?他四处打听,想找到一个最符合自己心愿的住所。很快,季雅从别人口中得知,吕僧珍家是一个君子之家,家风极好。于是,他来到吕家附近观察,发现吕家子弟个个温文尔雅,知书达理,果然名不虚传。说来也巧,吕家隔壁的人家要搬到别的地方去,打算把房子卖掉。季雅便马上去找这家要卖房子的主人,表示愿意出 1100 万钱的高价买房。那家人很满意,二话没说就答应了。

于是,季雅将家眷接来,就在吕家隔壁住下了。

吕僧珍听说后,便过来拜访这位新邻居。两人寒暄一番后,谈了一会

儿话。吕僧珍问季雅："先生买这幢宅院,花了多少钱呢?"季雅据实回答。吕僧珍听后很吃惊,说道："据我所知,这处宅院已不算新了,也不很大,怎么价钱如此之高呢?"季雅笑了,回答说："我这钱里面,100万是用来买宅院的,1000万是用来买您这位道德高尚、治家严谨的好邻居的啊!"

吕僧珍听了,不由得哈哈大笑。

寓意

所谓"近朱者赤,近墨者黑",环境对于一个人各方面的影响都是十分重要的,所以一定要加以重视。这则寓言告诉我们,要努力使自己处于良好的生活或学习环境中,这样才能使我们受到积极的影响,促使我们向更好的方面发展。

割席断交

语出——南朝宋·刘义庆《世说新语》

释义

把席割开分别坐。比喻朋友绝交。

故事

管宁和华歆(xīn)在年轻的时候,是一对非常要好的朋友。他俩整

天形影不离,同桌吃饭、同席读书、同床睡觉,相处得很好。

有一次,他俩一起在菜地里锄草,干得十分卖力,也顾不得停下来休息,一会儿就锄好了一大片。

忽然"铛"的一声,管宁的锄头锄到了一个硬东西。管宁感到十分奇怪,将锄到的一大片泥土翻了过来,只见黑黝黝的泥土中,有一个黄澄澄的东西在闪闪发光。管宁定睛一看,原来是一块黄金。他自言自语地说了一句:"我当是什么硬东西呢,原来是锭金子。"接着,他便不再理会了,而是继续锄他的草。

"什么? 金子!"不远处的华歆听到这话,不由得心里一动,赶紧丢下锄头奔了过来,拾起金块捧在手里仔细端详。

管宁见状,一边挥舞着手里的锄头干活,一边责备华歆说:"钱财应当靠自己的辛勤劳动去获得,一个有道德的人是不可以贪图不劳而获的财物的。"

华歆听了,嘴上说"这个道理我也懂得",可手里却还捧着金子。他左看看右看看,怎么也舍不得放下。后来,他被管宁的目光盯得实在忍不住了,才不情愿地丢下金子回去干活。可是他心里还在惦记着金子,干活也没有先前那么努力了,还不住地唉声叹气。管宁见他这个样子,不再说什么,只是暗暗地摇头。

又有一次,他们俩坐在一张席子上读书,正看得入神,忽然外面沸腾起来,一片鼓乐之声,中间夹杂着鸣锣开道的吆喝声和人们看热闹吵吵嚷嚷的声音。于是,华歆忙起身走到窗前去看究竟发生了什么事。

原来是一位达官显贵乘车从这里经过。一大队随从穿着统一的服装、佩带着武器前呼后拥地保卫着车子,威风凛凛。再看那车饰更是豪华:车身雕刻着精巧美丽的图案,车上蒙着的车帘是用五彩绸缎制成的,四周装饰着金线,车顶还镶了一大块翡翠,显得富贵逼人。

管宁对外面的喧闹完全充耳不闻,就好像什么也没有发生一样,仍专

心致志地读着书。华歆却不是这样，他完全被这种张扬的声势和豪华的排场吸引住了。他嫌在屋里看不清楚，干脆连书也不读了，急急忙忙地跑到街上，跟着人群尾随车队仔细观看。

管宁目睹了华歆的所作所为，再也抑制不住心中的叹惋和失望。等到华歆回来后，他就拿出刀子，当着华歆的面，坚决割断了二人共坐的席子，把座位分开，并痛心而决绝地对华歆说："我们俩的志向和情趣太不一样了。从今以后，我们就像这被割开的草席一样，再也不是朋友了。"

寓意

这则寓言告诉我们：真正的朋友，应当建立在共同的思想基础和奋斗目标上，一起追求，一起进步；如果没有内在精神的默契，只有表面上的亲热，这样的朋友是无法真正沟通和相互理解的，也就失去做朋友的意义了。

痀偻(jū lǔ)承蜩(tiáo) 语出——《庄子·达生》

释义

比喻做事全神贯注，才能成功。痀偻：驼背。蜩：蝉。

故事

有一天,孔子带着几名弟子到楚国去,经过一片树林时,看见一位痀偻老人正在用竹竿粘蝉。老人每次将竹竿伸上去,必然粘住一只蝉下来,那熟练程度,好像不是用竹竿粘,而是用手去拾取。

几名弟子看了,都觉得很惊奇,忍不住悄悄议论着:"这位老丈真聪明! 竹竿上不知装的是什么东西,黏性这么强! ""光黏性强有什么用,这蝉是活物,竹竿触碰它难道会没知觉? 连飞走都来不及,可见老丈的功夫! "孔子说道,他觉得这位老人很不简单。他等老人又粘下一只蝉,便上前施礼,问道:"老人家,您粘蝉的技巧如此纯熟,是用什么方法得来的呢? "

老人听见有人说话,这才回过头来,朝孔子和他的弟子礼貌地笑了笑,回答说:"是有方法的。为此,我苦练了五六个月。最初,我在竹竿顶上叠上两个小圆球,等练到小圆球不会掉下来时,我用竹竿粘蝉就较少落空了。后来,又在竹竿顶上叠上三个小圆球,等练到小圆球不会掉下时,粘蝉十次,大概只落空一次。等练到叠上五个小圆球而掉不下来时,粘蝉就好像用手捡一样。而且,粘蝉的时候,我的身体就像树墩那样一动也不动,我伸出去的手臂,就像枯树枝那样静止。虽然天地广阔,万物众多,而我的注意力只集中在蝉的翅膀上面,世间任何东西都不能转变我对蝉翅膀的关注。这样,还有什么办不到呢? "

孔子听了连连点头称赞。

寓意

在同一个教室里,听着同一个老师讲课,做同样的习题,为什么有些人能轻松地解答,而有些人却绞尽脑汁也想不出来答案呢? 关键在于,有

些同学上课会全神贯注地听,跟着老师的思路去思考;而有些人却容易思想开小差,眼睛虽然盯着黑板,心思可能早已在操场上了。这就是为什么花同样的时间做同样的事情,得到的结果却不同。驼背老人的体质没有办法和一般人相比,但是他在捕蝉这件事情上却远远超过了一般人的水平,主要原因就是他的精神专一和刻苦练习。所以,我们对待学习应该投入百分之百的精力,做到全神贯注,这样才能真正地学到知识,为将来出色地完成各种工作奠定坚实的基础。

鹳(guàn)鸟移巢 语出——明·刘基《郁离子》

释义

说明预见必须与远见相结合,才能充分发挥其积极作用。鹳鸟:大型涉禽,形体似鹤,又似鹭。

故事

孔子的学生子游当武城宰时,城门外的土墩上住着鹳鸟。有一天,鹳鸟忽然把巢搬到一个坟墓前面的石碑上去了。看守坟墓的老人就把此事告诉了子游:"鹳鸟,是一种能够预知天将要下雨的鸟。它突然把巢搬迁到高处,说明这一带大概要发大水了吧!"子游听后说:"知道了。"他立即命令城里人都准备好船只等待大水的来临。

过了几天,果然大雨成突,山洪暴发。城门外的那个土墩被淹没了,雨还是下个不停,水涨得都快淹没那个坟墓前面的石碑了。鹳鸟的巢眼看就要被冲走了,鹳鸟飞来飞去地悲鸣,不知道飞到哪里去安居才好。

子游见此景况叹息地说:"可悲啊!鹳鸟虽有预见,但可惜考虑得不够长远!"

寓意

这则寓言告诫人们:预见必须与远见相结合,并充分估计到客观环境的发展变化,才能充分发挥其积极作用;若只有预见而没有远见,有时还不能办好事情或防止意外情况发生。

贵在认真　　语出——《庄子·则阳》

释义

做任何事情都以认真为贵。

故事

春秋时期,各诸侯国都设有封人,典守封疆。有一个封疆官吏出任长梧的地方官。有一天,他碰到孔子的学生子牢,便与子牢探讨治理地方、

管理长梧的方法。

这个封人和子牢谈得十分投机。他讲到自己的治理经验，认为治理政务绝对不能鲁莽从事，管理百姓更不可以简单粗暴。然后，他们从治理之道又谈到了种田之道。封人说自己曾经种过庄稼。刚开始，他耕地时马马虎虎，丝毫不用心，果实结出来稀稀疏疏，并不饱满；他锄草时也粗心大意，不是锄断了苗根，就是锄断了枝叶。一年干下来，到了秋天收获的季节，收成当然不好。

听了封人的讲述后，子牢很关心地打听他后来种田的状况。

封人便接着往下说。他说自己吃一堑、长一智，总结了自己种田的教训，第二年便改变了粗枝大叶的态度。他告诉子牢，第二年他就开始深耕细作，认真除草，细心护理庄稼，想不到在当年就获得了好的收成，一年下来已经丰衣足食。

有了种田失败和成功的经验教训，封人悟出了一个深刻的道理，即做任何事情都贵在认真。现在他出任地方长官，更要严守这条做人办事的准则。因此，子牢也常常拿封人的事教育他人。

寓意

这篇寓言给我们的启示是：不论做什么事情，都贵在认真；只有认真，才能把事情处理好。如果做事情总是马马虎虎、不认真，那就什么事情都做不好，达不到预期的效果。

国马与骏马

语出——唐·李翱《李文公集》

释义

指"犯而不校"的国马和"过而能改"的骏马。比喻对别人的侵犯不计较的人和对自己的过错能及时改正的人。国马:一国中上品之马。骏马:良马,跑得快的好马,仅次于国马。

故事

从前,有一天,有两个人骑着马并排行走在路上,一个人骑的是一匹国马,另一个人骑的是一匹骏马。这两匹马的性格不太相同,国马温顺,骏马暴躁,在一起行路的时间长了,免不了有些磕磕碰碰的。不一会儿,也不知道究竟是因为什么,骏马突然咬了一口国马的鬃毛,国马被咬得顿时鲜血直流。但国马对骏马的挑衅和攻击并没有发作,就像没觉察到一样,对骏马不理不睬,头也不回,仍泰然自若地走路。

时间不长,骏马就随主人回家了。说来奇怪,骏马回家以后,一直都惊恐不安。有两天时间,不管主人怎么哄它、打它,用尽了各种办法,它都既不肯吃一口东西,也不肯喝一口水,整天站在马厩里,两腿瑟瑟发抖,像是很恐惧的样子。

骏马的主人对此感到迷惑不解,就去找国马的主人问道:"我那匹骏马,也不知是不是得了什么病,我用最好的草料喂它,它一口也不尝;我用鞭子逼着它吃,它还是无动于衷。这可怎么办呢?"

国马的主人一听就明白了,解释说:"大概是因为它咬了国马,为自己的行为感到羞愧和后悔了吧!这样吧,我带国马去你那里,开导它一番,

让它知道自己犯了过错就行了。”

于是，国马的主人就牵着国马去看骏马。国马一见到骏马，就迎上去用鼻子围着它嗅来嗅去，一副亲密的样子。骏马见国马一点儿嫌弃的意思也没有，也用鼻子嗅着国马，表示欢迎。然后，国马就带着骏马到槽里去吃草了。不到一个时辰，骏马的病就全好了。

长着四只脚而能吃草的，有马一类的动物；长着两只脚而会说话的，是人类。像国马一类的牲畜，长了四只脚而吃草属于马类，它的耳目鼻口属于马类，四脚骨骼属于马类，不会说话而只会叫也属于马类，但是看它心里所想的却像人类。因此，国马受到侵犯却不计较，宽容大度，所以才称得上是国马；骏马闭门思过，不吃不喝，知错能改，所以才叫骏马。

寓意

这则寓言借国马“犯而不校”和骏马“过而能改”的故事，讥讽了那些只具人形而无人格，盛气凌人而不知改过的小人。它告诉我们，对别人的侵犯要尽量宽容大度，不要过分计较；若自己有了过错，则一定要及时改正。

海上沤鸟

语出——《列子·黄帝》

释义

说明诚心才能换来友谊,背信弃义将会永远失去朋友。沤:通"鸥"。沤鸟:即海鸥,一种水鸟。

故事

海边上有一个人,很喜欢海鸥。每天早晨他都划船到海上去,跟海鸥一起玩耍。这样,他跟海鸥有了较深的感情,简直像老朋友一样。因此,常有数以百计的海鸥接连不断地向他飞来,与他一起玩耍。

这个人的父亲知道了这件事后,高兴地对他说:"我听说海鸥都喜欢和你一起玩,我感到很奇怪,你能不能捉几只回来给我玩玩?"这个人就答应了。

第二天,这个人带着笼子再划船到海上去的时候,海鸥只是团团地在他的头上飞舞,再也不飞下来和他玩了。

寓意

这则寓言告诫我们,朋友交往要重真情,彼此之间只有以诚相待,才能获得真正的友谊;如果心怀鬼胎、背信弃义,别人就不会再和你亲近,不会和你交朋友了。

邯郸学步

语出——《庄子·秋水》

释义

比喻模仿人不到家，反把原来自己会的东西忘了。邯郸：战国时赵国都城，在今河北省邯郸市。

故事

战国时，燕国的寿陵有个少年，很不满意自己走路的姿势。他听说赵国邯郸的人走路姿势特别优美，便决定去邯郸学走路。他备足了干粮，跋山涉水，走了好几天，终于来到了邯郸。

于是，每天一大早，这个寿陵少年就站在邯郸繁华的街头看人走路。但邯郸人走路虽然好看，却也各有各的样：小孩子蹦蹦跳跳，大姑娘轻盈飘逸，小伙子矫健，老大爷稳重。即使是同样的少年人，走路的姿势也不尽相同：富家子弟昂首阔步，白面书生斯文持重，店里的伙计匆匆忙忙。寿陵少年一会儿观察这个人的走路姿势，跟在后面走几步；一会儿又琢磨那个人的走路特点，跟在后面走几步；就这样学来学去，却总是学不好。

寿陵少年急了，干脆丢掉原来的步法，从头学习走路。从此，他每走一步都很吃力，既要想着手脚如何摆动，又要想着腰腿如何配合，还得想着每一步的距离，直弄得自己手足无措。

结果，寿陵少年一连学了几个月，不但没有学会邯郸人的步法，而且把自己原来的步法也忘掉了。人们便说他"邯郸学步，越学越差劲"。他的钱都花光了，不得不返回寿陵。可是，他已经不会走路了，最后只好爬了回去。

寓意

这则寓言给我们的启示是,学习别人的东西不应该盲目模仿,而应该在自己原有的基础上,结合实际,有针对性地学习对自己有借鉴作用的内容,学习别人的长处,这样自己才会有长进。否则,就会跟这位燕国寿陵的少年一样,不仅学不会新的步法,反倒还会把自己原来的步法忘了,令自己难以收场。

旱苗得雨

语出——《孟子·梁惠王上》

释义

将要枯死的禾苗得到一场好雨。比喻在危难中得到援助。

故事

孟子拜见梁襄王,走出宫廷后告诉别人:"从远处看梁襄王,不像一个国君的样子,接近他而看不到国君的威严。"他突然问孟子:"天下怎样才能安定?"孟子对他说:"天下统一了才能够安定。"

梁襄王又问道:"谁能够统一天下?"孟子回答说:"不喜好杀人的国君能统一天下。"

这时候,梁襄王又问道:"谁会归顺他呢?"

　　孟子立即回答道:"天下没有一个人不归顺他。大王知道那禾苗吗? 七八月之间干旱,那么禾苗就枯萎了。这时,天上如果乌云密布,落下了充足的雨水,那么禾苗就欣欣向荣地长了起来。如果像这样,谁能够遏制它呢? 当今天下的国君,没有不喜欢杀人的。如果有不喜欢杀人的国君,那么天下的老百姓都伸长脖子来盼望他。像这样的话,老百姓归顺他,就好像水往低处奔流,汹涌澎湃,谁能够阻挡得了呢? "

　　梁襄王听后十分高兴,认为孟子说得有理。

寓意

　　当人们渴望一件事物的时候,会不停地去追寻,不停地去想念。此时的心情,就像干涸的大地渴望甘露降临。

　　我们都有过这样的心情。如果我们能够满足他人愿望的时候,一定不要吝啬自己的给予。也许只是举手之劳,但这样的给予会让他人有莫大的满足,也会让自己受益匪浅,至少会得到他人深深的感激。

　　所以,我们何乐而不为呢? 也许我们托举一下掌心的那只麻雀,它就能展翅高飞,飞上枝头变"凤凰"。

河豚发怒

语出——唐·柳宗元《柳河东集》

释义

比喻受到挫折而不知道自我反省,只知道愤怒的人。

故事

河里有一种名叫河豚的鱼。一天,它游到桥下撞到了桥墩上,还不知道远远地躲开,反而以为是桥墩撞了自己而大怒。于是,它张开两鳃,竖起两鳍,气得肚子鼓鼓地浮在水面上,久久不动。这时,天空中飞来了一只老鹰,冲下来就用爪子抓住了它,撕开它的肚皮,把它吃掉了。

河豚喜欢游水而不知道停止,因为好游所以才撞到桥墩上。它不知道反思自己的错误,反而狂妄放肆,大生闷气,导致裂腹而死,这个结局实在太可悲了!

寓意

这则寓言告诫人们,如果在生活中遭受了挫折,要学会总结经验教训、自我反省,只知道愤怒、发脾气,终会招来更大的祸患。

涸辙之鲋(fù)

语出——《庄子·外物》

释义

在干涸了的车辙里的鲫鱼。比喻处在困境中急待救援的人。鲋：古书上指鲫鱼。

故事

庄子是我国战国时期一个伟大的思想家。

庄子的家里很穷，有一次家里实在是没有米下锅了，他只好到监河侯那里去借粮食。庄子见到监河侯，说："家里没有吃的了，我想您这里很富有，请先借一点儿粮食给我，我会很快还给您的。"

监河侯是个非常吝啬的人，家里粮仓堆得满满的，可还是觉得不够富足，一有人向他借粮，他就感到心疼，但是又不好意思直接回绝庄子，就说道："可以，我即将收取封地的税金，打算借给你三百金，好吗？"

庄子听了这话，心里十分气愤，就给监河侯打了一个比喻，说道："昨天，我走在路上，看见一条鲋鱼，它躺在路上的干车沟里，奄奄一息。鲋鱼看见我，就像看到了希望，立刻冲我喊了起来：'喂，老公公，我本来是从东海来的，结果今天不幸落到了这个干车沟里，眼看就要干死了，请你帮帮忙，给我一桶水，救救我吧！'我点头答应了，说：'这没有问题。很凑巧，我正好要到南方去拜访几位国王，南方嘛，你可能也知道，那里是水乡，水非常多，我一定会引西江的水来解救你，可以吗？'这条鲋鱼听了我的话，气愤地说：'咳，这怎么可以呢？现在我只要一桶水就可以活命了，要是等到你到了南方，再引西江的水过来，那个时候，这里根本就不会有我

了，你只好到干鱼摊上去看一看，说不定在那里可以找到我呢！'"

监河侯听了这个比喻，脸涨得通红，不知如何回答才好。

寓意

这则寓言说明，人们期望得到的帮助是具体的、实在的、有诚意的，而不是甜言蜜语或空口承诺。假意的慷慨许诺，对身处困境、急需救援的人来说，无异于一张"空头支票"。见死不救还用慷慨动听的空话来装扮自己的人，实在令人深恶痛绝。

后来居上

语出——西汉·司马迁《史记·汲郑列传》

释义

原谓资格浅的新人反居资格老的旧臣之上，有讽刺用人不当之意。后用来称赞后来的胜过先前的。

故事

汉武帝时，朝中有三位有名的大臣，分别叫做汲黯、公孙弘和张汤。这三个人虽然同时在汉武帝手下为臣，但他们的情况却大不一样。

汲黯进京供职时，资历已经很深而且官职也已经很高了，而当时的公孙弘和张汤二人还只是小官，职位也很低。可是，由于公孙弘和张汤为人处世

恰到好处,加上政绩显著,因此他俩一步一步地被提拔起来。直到公孙弘封了侯又拜为相国,张汤也升到御史大夫,两个人的官职都居于汲黯之上了。

汲黯这个人原本业绩就不及公孙弘和张汤,可他偏偏又心胸狭窄。眼看那两位过去远在自己之下的小官都官居高位,他心里很不服气,总想找个机会跟皇帝评评这个理,发泄一下内心的不满情绪。

一天散朝后,文武大臣们陆续退去,汉武帝漫步朝着御花园走去。汲黯见状赶紧趋步上前,对汉武帝说:"陛下,臣有句话想说给您听听,不知陛下是否感兴趣?"

汉武帝停下来回转身,说:"不知是何事,说来听听吧。"

汲黯说:"陛下您见过农人堆积柴草吗?他们总是把先搬来的柴草铺在底层,后搬来的反而放在上面,您不觉得先搬来的柴草太委屈了吗?"

汉武帝有些不解地看着汲黯,说:"你说这些,是什么意思呢?"

汲黯说:"陛下您看,公孙弘、张汤那些小官,论资历、论基础都在我之后,可现在他们却一个个后来居上,职位都比我高多了。陛下您提拔官吏不是正和那堆放柴草的农人一样吗?"

汲黯的几句话说得汉武帝很不高兴,他觉得汲黯如此简单、片面地看问题,很不通情理。汉武帝本想贬斥汲黯,可是又想到他是位老臣,便只好压住火气,什么也没说就拂袖而去。此后,汉武帝对汲黯更是置之不理,他的官职也只好原地踏步了。

寓意

这则寓言告诉我们,"后来者居上"原本没什么错,像寓言中汲黯那样认为提拔人才一定要论资排辈,反对后来居上,是不可取的。它还提醒我们,做人一定要心胸宽阔,不要嫉贤妒能,更不要以自己的资历压制后来的人。

狐假虎威

语出——《战国策·楚策一》

释义

狐狸假借老虎的威势去吓唬其他野兽。比喻依仗别人的势力欺压人。假：借用，利用。

故事

战国时期，楚国有个大将叫昭奚恤，这个人很有才干，多次领兵都打了胜仗，北方各诸侯对他都很敬畏。

有一次，楚国的国君楚宣王召集大臣们议事。他对大臣们说："我听说北方的诸侯国都很害怕昭奚恤，是真的吗？"

大臣们都默不作声，不知该怎样回答。有个叫江一的大臣很有智谋，他揣摩了一下楚宣王的心理，然后说道："大王，不是这样的。那些诸侯国并不是惧怕昭奚恤，而是惧怕您呀！我曾听说过这样一个故事：

"从前，有一只老虎在森林里寻找猎物时，抓到了一只狐狸。老虎正要吃狐狸，狐狸却开口说道：'你怎么敢吃我！我是天帝派来管理百兽的，你今天要是吃了我，就是违抗天帝的旨意，天帝一定会降罪于你的！'

"老虎知道狐狸一向以狡猾闻名，有些不相信它的话，但听它说得一本正经，又不敢不信。正犹豫间，狐狸又说：'你如果以为我说的是假话，我们可以到森林里走一趟，我在前面，你跟在后面，看看那些野兽见了我害怕不害怕！'

"老虎同意了，就跟着狐狸到森林里去。森林里的野兽见了跟在狐狸

后面的老虎,都吓得拼命逃跑。可是老虎并不知道百兽是因为害怕自己而逃跑的,还以为它们真的是害怕狐狸呢!

"大王现在占有方圆五千多里的地盘,还有雄兵百万,这百万大兵都归昭奚恤管辖,所以北方的几个诸侯国都怕他。其实,他们是害怕您的兵马,这就如同'狐假虎威'一样啊!"

楚宣王听了这番话后,果然很高兴,把江一大大夸奖了一番。群臣们也大大松了一口气,都暗暗佩服江一有智慧。

寓意

这则寓言辛辣地讽刺了那些假借他人的权势和威风来吓唬、欺压弱小者的卑劣行径,同时也嘲笑了那些被别人利用却毫不警惕的强暴者的愚蠢。它告诉我们,那些居于高位者往往会被小人利用而自己却不知道。它提醒我们,一定要对小人多加防范,以免被其利用。

华王优劣

语出——南朝宋·刘义庆《世说新语》

释义

指紧急危难关头,最容易看出一个人的品质。

故事

华歆与王朗是一对好朋友,两个人都很有学识,德行也受到大家的称赞,分不出谁好一些,谁差一些。

有一年,洪水泛滥,淹没了许多村庄和大片良田,百姓叫苦连天。华歆和王朗的家乡也遭了水灾,房子都被大水冲走了,盗贼也趁火打劫,四处作案,天下很不太平。无奈,华歆和王朗只得和别的几个邻居一起坐船逃难去。

船上的人都到齐了,物品也装好了,马上要解缆绳离岸出发。这时候,远处忽然奔来一个人,只见他背着包袱跑得气喘吁吁,大汗淋漓。那个人边挥手,边扯开嗓子大喊:"先别开船!等等我!"那人好不容易跑到了船跟前,上气不接下气地说:"船都被人叫完了,没人肯收留我,我远远看见这边还有一条船,求求你们带上我一起走吧!"

华歆听了,皱起眉头想了想,对那个人说:"真对不起,我们的船也已经满了,你还是再去另想办法吧!"王朗却很大方,责备华歆说:"华歆兄,你怎么这么小气?船上还很宽敞嘛,见死不救可不是君子所为,带上他吧。"华歆见王朗这么说,就不再坚持自己的意见,略微沉思片刻,答应了那人的请求。

华歆、王朗他们的船平安地走了没几天,就碰上了盗贼。盗贼们划船追过来,船上的人们都惊慌不已,一个劲儿地催促船家快些划船。王朗害怕极了,就找华歆商量说:"现在我们遇上盗贼,情况紧急,船上人多了没有办法跑得更快。不如我们叫后上船的那个人下去吧,也好减轻船的重量。"

华歆听了,严肃地说道:"开始的时候,我考虑良久,犹豫再三,就是怕人多了行船不便,弄不好会误事,所以才拒绝他。可是现在既然答应了他,怎么能够出尔反尔,因为情况紧急就把他甩掉呢?"

王朗听了这番话,不由得面红耳赤,羞愧得说不出话来。在华歆的坚持下,他们还是像当初一样,携带着那个后上船的人,始终没有抛弃他。而他们的船也终于在大家的共同努力下,摆脱了盗贼,安全地到达了目的地。

世人通过这件事来评定华歆、王朗德行的优劣。

寓意

这则寓言告诫人们,为人处世要守信用、讲道义,言必信、行必果,一旦承诺就一定要遵守到底,始终如一。

画鬼最易　　语出——《韩非子·外储说左上》

释义

最容易画的是鬼怪。比喻凭空瞎说很容易,但是要想有真才实学,却需要下一番工夫。

故事

有个画家来给齐王作画,齐王问:"画什么东西最难呢?"

画家回答说:"画狗和马最难。"

又问:"画什么东西最容易呢?"

画家回答说:"画鬼怪最容易。因为狗和马是人人皆知的,从早到晚都在我们眼前出现,不能任意虚构,很难画得完全相似。要是画得稍有不像,人们一眼就会看出来,所以说最难画。至于鬼怪,是没有具体形象的东西,反正谁也没有看到过它,想怎么画就怎么画,所以说画起来最容易。"

寓意

这则寓言告诫人们:在日常生活、学习和工作中,凭空瞎说很容易,但是要想具备真才实学,则必须要下一番苦功。

画蛇添足　　语出——《战国策·齐策二》

释义

画蛇时给蛇添上脚。比喻做了多余的事,非但无益,反而会坏事。也比喻虚构事实,无中生有。

故事

战国时期,楚国的国君楚怀王派昭阳为将,领兵征讨魏国。昭阳是员猛将,他带领将士一阵猛攻猛打,一举攻占了魏国八座城池,楚军大胜。

但昭阳似乎意犹未尽，又想领兵乘胜去攻打齐国。齐王得到消息后，很着急。正巧秦国的使者陈轸出访到齐国，齐王就请他去见昭阳，说服他不要与齐国动武。

陈轸见了昭阳后，并不立即说明来意，而是问："按贵国的规定，像您今天取得这样辉煌的战果，应受到什么样的奖赏呢？"

昭阳得意地说："官封为上柱国，爵为上执珪！"

陈轸又问："那么还有比这更大的官吗？"

昭阳回答："当然有啊，更大的是令尹。"

陈轸接过话头说："令尹虽然更加显贵，但是楚国现在有令尹，楚怀王不会为了赏功而设置两个令尹吧？请您先听我讲个故事：楚国有一户人家祭祀祖先，祭礼过后，主人就把祭祀用过的酒赏给前来帮忙的门客们喝。可是，这壶酒如果大家都喝是不够喝的，但如果给一个人喝，就能喝个痛快。于是有人提议：每个人都在地上画一条蛇，谁第一个画完，这壶酒就归谁。大家同意了，就开始画起来。有一个人画得很快，不一会儿就画好了。他一把拿过酒壶正准备喝，看看别人都还在慢慢画，很想显显自己的本事，就左手拿着酒壶，右手继续画蛇，边画边说：'我再给蛇画几只脚都还来得及呢！'谁知，他蛇脚还没有画好，另一个人已画好了蛇。那人一把抢过酒壶说：'蛇本没有脚，你怎么能给它画上脚呢？这酒归我了！'说着，那人就把酒喝了。那个为蛇添足的人，最终也没喝到一口酒。

"现在，您为楚国打败了魏军，得了八座城池，还不息兵，而要讨伐齐国。我认为，即使您把齐国打败了，官也不会升得更高了。如果万一打不赢齐国，反而要前功尽弃，那就无异于'画蛇添足'了。您不如趁现在大功已告成，赶快退兵吧！"

昭阳听了陈轸的话，觉得有道理，就领兵回国了。

寓意

这则寓言告诫人们：一、不论做什么事情都要尊重客观事实，实事求是，不能自作聪明，否则就会坏事，弄巧成拙。二、做事不可节外生枝、多此一举，否则有时会因此而失去一些东西，得不偿失。

击鼓戏民

语出——《韩非子·外储说左上》

释义

说明戏弄人是一种不好的行为，它既是对别人的不尊重，也会使我们失去别人的信任。

故事

楚厉王遇到紧急的事情，就会击鼓把老百姓召集起来守城。有一天，楚厉王喝醉了酒，糊里糊涂地拿起鼓槌敲鼓。老百姓听到了鼓声，慌慌张张地赶去守城。厉王连忙派人去制止，并让派去的人转告说："厉王喝醉了酒，同身边的人闹着玩，糊里糊涂地敲起了鼓。请大家回去吧！"老百姓听了就都回家了。

过了几个月，真的有敌人来入侵，厉王击鼓发出警报，老百姓以为又是厉王喝醉酒闹着玩的，因而就没有像上次那样赶去守城了。后来，厉王更改了原先的命令，重新申明警报的信号，老百姓才相信。

寓意

这则寓言告诫我们：在事关重大的事情上，千万玩不得儿戏；如果拿原则问题或者国家和人民的安危开玩笑，必然会失信于民，给国家和人民带来重大的祸患。它还告诉我们，不要戏弄别人，因为这样既是对别人的不尊重，也会使我们失去别人的信任。

纪昌学射 语出——《列子·汤问》

释义

说明若想掌握一种技艺,就要从基本功练起,循序渐进并持之以恒,不可急于求成。

故事

古时候有个年轻人叫纪昌,很喜欢练武,后来又迷上了射箭。他自己练了几年,射箭的技术有了很大进步,但他知道自己离当一个好箭手还差得远。因此,他决定找一个射箭高手来教自己。当时,有一个名叫飞卫的人,他的射箭技术是天下最高超的。于是,纪昌便找到飞卫,要拜他为师。

飞卫见了纪昌后,先叫他射了几箭。看了纪昌射的箭后,飞卫对他说:"你回家去吧,先练好你的眼力,什么时候你看任何东西都不眨眼了,再来找我。"纪昌觉得有些莫名其妙,但师傅的话又不能不听,只好回了家。

可是,怎么练眼力呢? 纪昌在屋里东瞅瞅西看看,最后他的目光落到了妻子的织布机上。他想:织布时,织布机的梭子是来回穿动不停的,我用它来练眼力不是很好吗? 于是,从那时起,他每天都躺在妻子的织布机下面瞪着眼睛看划来划去的梭子。眼睛看久了又酸又痛,他也不在乎。一年过去了,他已经能做到盯着来去不停的梭子两个时辰不眨眼了。但他并不满足,又刻苦练习了一年。到后来,他让妻子用针轻轻扎他的眼皮,他也能眼睛一眨不眨地注视着梭子。纪昌觉得自己练得差不多了,就跑到飞卫那里把自己练习的情况告诉了他。

飞卫说:"你的眼力比以前有进步了,但还得练习。你什么时候能把

很小的东西看得很大很大了，再来找我吧。"纪昌满以为自己苦苦练习了两年，师傅应该教他如何射箭了，可为什么还叫自己回去练眼力呢？他觉得有些委屈，也有些不服气。飞卫看出了他的心思，就语重心长地对他说："干什么事都要有耐心，要打好基础。射箭的人如果不练好眼力，即使他有再大的臂力、再好的弓箭，也成不了一个神箭手的。"

纪昌听了，没再说什么，就又回了家。他找了一只虱子，用牦牛尾巴上的一根毛系住虱子，把它悬挂在窗口，朝南面远远地看着它。10天之后，他看虱子渐渐大了；3年之后，虱子在他眼里已经变得像车轮一样大了。他转过头来看其他东西，都像山丘一样大。纪昌便用燕地的牛角装饰的弓，用北方出产的篷竹做的箭杆，射那只悬挂在窗口的虱子，结果穿透了虱子的心，但牦牛尾巴的毛却没有断。

于是，纪昌又跑到飞卫那里告诉他自己练习视物的情况。飞卫听后高兴得手舞足蹈，拍着纪昌的胸膛说："小伙子，好样的！你现在已经掌握了射箭的诀窍了！"后来，飞卫又把射箭的各种技巧都教给了纪昌。最后，纪昌终于成了一个了不起的神箭手。

寓意

这则寓言告诉我们，要学习一种技艺，必须依照准则严格练习，先练基本功，打好基础，然后按部就班、循序渐进、由浅入深地学习，这样才能尽得其巧。同时，这则寓言还告诫人们，学习任何技能都需要毅力，如果不肯勤学苦练，不管学什么都很难取得成功的。

假博学出洋相

语出——明·宋濂《龙门子凝道记》

释义

形容明明不学无术，却偏要装作博学多识的人。

故事

楚丘有个文人，有一天，他得到了一个形状像马的古物，制作十分精致，颈毛和尾巴俱全，只是在背上有一个洞。他怎么也想不出这个东西究竟是干什么用的，就到处打听，可是问遍了街坊远近很多人，没有一个人认识这是什么东西。

当时，只有一个号称见多识广、学识渊博的人听到消息后找上门来，研究了一番这个古物，然后慢条斯理地说："古代有牛形状的酒杯，也有大象形状的酒杯，这个东西大概是马形酒杯吧？"

楚丘文人一听大喜，把它装进匣子收藏起来，每当设宴款待贵客时，就拿出来盛酒。

后来有一次，仇山人偶然经过这个楚丘文人家，看到他用这个东西盛酒，便惊愕地说："你从什么地方得到的这个东西？这是尿壶呀！也就是那些贵妇人所说的'兽子'，怎么可以用来盛酒呢？"

楚丘文人听了这话，脸"噌"的一下红到了耳朵根，羞惭得恨不得立刻在地上挖个洞钻进去。他赶紧把那古物扔得远远的。世上的人为此一直都嘲笑他。

寓意

这则寓言告诉我们，做人不要好慕虚荣、不懂装懂、自作聪明，否则只会贻笑大方、出尽洋相，最终吃亏的还是自己。

惊弓之鸟

语出——《战国策·楚策四》

释义

被弓箭吓怕了的鸟。比喻受过惊吓听到一点儿动静就特别害怕的人。

故事

战国时期，各诸侯国结成联盟，共同对付秦国，赵国的魏加来到楚国，问春申君打算派谁担任领兵作战的将军。春申君说准备让临武君当将军，领兵同秦军作战。魏加知道临武君曾经被秦军打得大败，伤亡十分惨重，并不适合担当这个重任，但临武君是春申君十分信任的将领，他又不好明确地劝阻。因此，魏加想了想，就和春申君谈起射箭来。

魏加说："我年轻时喜欢射箭，曾经听过一个寓言故事，非常有趣。"于是魏加就有声有色地讲述起来：

魏国有一个人叫更羸，很会射箭。有一天，他和魏王在一起谈话，忽然天上传来雁叫声，抬头一看，一只大雁正在天空飞翔。更羸看了一会儿，

对魏王说："大王，我只要拉一下弓，不用搭上箭射出去，就能把这只雁射下来。"魏王笑着说："你简直是开玩笑！我不相信你射箭的本领能有这样高超。"

更羸取来弓，等那只大雁飞到近处，立刻把弓拉开，对准那只大雁"嘣"的一声弹了一下，但并没有射出箭去。然而那只大雁已随着那声弦响，一头栽下地来。

魏王吃惊不已，不由夸奖道："果然本领高强，不愧是个神射手啊！"更羸放下弓，指着地上的雁谦虚地说："不是我本领高强，其实这只雁受过箭伤。"魏王走近大雁细看，发现果然不假，于是更加奇怪，便问道："你怎么知道它受过箭伤呢？"

更羸不慌不忙地说："我发现它飞得很慢，叫声凄惨。飞得慢，说明伤口疼痛；叫声惨，说明它失群孤单。旧伤未了，心惊胆战，听到了弦响，以为有人用箭射它，于是用力高飞，结果导致伤口破裂，所以自己坠落下来。"

魏加讲完这个寓言故事，对春申君说："临武君曾惨败于秦军，现在让他领兵同秦军作战，他就会像'惊弓之鸟'一样，一定十分害怕。所以，不可派临武君担任对抗秦军的将军啊。"春申君听后沉思起来。

寓意

这则寓言告诉我们，如果一个人对过去的失败或伤痛仍心有余悸，那么他往往还会遭到更大的失败或伤痛。所以，无论在生活还是学习中，我们一定要及时调整好自己的状态，不断积累经验，注意吸取教训，以良好的身心状态迎接每一次挑战。

井底之蛙 语出——《庄子·秋水》

释义

井底的蛙只能看到井口那么大的一块天。比喻见识浅陋的人。

故事

离大海不远的一个村落边,有一口浅井。井里的水已经快干涸了,只有浅浅的一洼,那里住着一只青蛙。

青蛙的日子过得很惬意,它为自己生活的环境而感到得意。有一天,它跳到井边,向外边张望,忽然看到一只从海里来的大鳖,觉得很好奇,于是向大鳖喊道:"喂,你是谁呀?"

大鳖回答:"我是生活在东海里的鳖,到海边走一走,今天走远了点儿。你是谁呀?"

青蛙说:"我是井里的一只青蛙,你看,我住在这里多快乐呀!高兴的时候,我就在井栏边蹦蹦跳跳玩上一阵;累了,我就回到井里,在砖洞边上睡一小觉,休息一阵。我还可以只把头和嘴巴露出水面,安安静静地把身子泡在水里,或者是在软绵绵的泥地上散一会儿步,要多舒服有多舒服!那些孑孓、螃蟹、蝌蚪啦,谁也比不上我!我才是这井里唯一的主人,这里真是自由自在,快乐无比!请你到井里来玩玩吧!"

那只大海鳖听了这番话,觉得很不错,就想进井里去看看。它刚往前走了没几步,左脚还没整个地伸进井去,右脚已经被井栏绊住了。它连忙收回脚,并向后退了两步,说:"不行,不行,这地方实在太小,我还是不进去了吧。"

青蛙很不高兴地说："这叫什么话,我这里明明很宽敞呀!"

大海鳖听了,不由感叹地走过来,看看青蛙说:"唉,你见过大海吗?"

青蛙一副茫然的模样,说:"什么大海?"

大海鳖说:"你连海都不知道吗? 海是非常广阔的,何止千万里;海是深深的,何止几千丈! 夏禹的时候,十年有九年要发水灾,可是海里的水却并没有显得增多;商汤的时候,八年里又有七年是大旱,可是海里的水也没有显得减少,还是保持原来的样子。永恒的大海啊,不随时间的长短而改变,也不因为雨量的多少而涨落。这才是住在东海里最大的快乐啊!"

青蛙喃喃自语道:"世界上竟然还会有这样的地方吗?"

大海鳖说:"一点儿也没错呀! 而且大海里有许许多多奇珍异宝,各式各样的动物、植物数也数不清。要说快乐,只有住在那样的大海里,才算是真的快乐呢!"

于是,浅井里的青蛙听了大海鳖的话,感到惶恐不安,茫然若失。

寓意

这则寓言讽刺了那些见识浅陋的人。它告诫我们:一个人一定要不断拓宽自己的视野,增长自己的见识,不要成为孤陋寡闻、见识短浅、妄自尊大的"井底之蛙",否则终有一天会被时代所抛弃。

惧老休妻　　语出——东汉·邯郸淳《笑林》

释义

丈夫因为担心妻子日后会变老而将其休掉。形容因担心遥远的将来而放弃现实中的美好的人。

故事

从前,有一个人叫陶邱,住在平原郡,娶了渤海郡墨台氏的女儿做妻子。这位女子不但容颜美丽,而且很有才华,为人也温柔贤惠,亲戚邻居没有一个不夸赞的。陶邱也感到心满意足,一家人过得十分幸福。

一年后,他们生了个儿子,家中更是充满了无限的乐趣。一天,妻子对丈夫说:"自从嫁到你家,一年多来我从没有回过一次娘家,我很想念母亲和娘家的人,我们是不是择个日子,回一趟娘家,顺便也把孩子带给他们瞧瞧?"

丈夫想了想,说:"也是,应该去见见岳母。"

于是他们选了一个日子,一家三口雇了车马一路风尘仆仆地到了渤海郡。到了墨台氏妻子家里,娘家人见了女儿、女婿和小外孙都非常高兴,杀鸡宰羊招待他们。岳母丁氏已是七十多岁的老妇人了,满脸皱纹交错,自然行动迟缓、步履蹒跚,说话也不灵巧了。她上前见过女婿后,便回房休息去了。

几天后,陶邱带着妻子和儿子回了家。一回到家,他就把妻子休了。

妻子感到十分诧异,便问丈夫:"不知我有什么过错,夫君要休我回家?"

陶邱便说道："前几天到你家去，见了你母亲真叫我伤心。她年纪大了，满脸老气横秋，已不能与过去相比。我担心你老了以后也会变成这副模样，倒不如现在就把你休了。再也没有别的原因了。"

妻子听了，真是哭笑不得。后来，亲戚和邻居知道了这件事，都骂陶邱愚蠢至极。

寓意

正所谓"世上本无事，庸人自扰之"，在现实生活中，像这则寓言中的这种人随处可见。他们原本拥有很好的生活，却因为担心遥远的将来会发生令自己不满意和不乐于看到的结果，而对现在拥有的东西或对人持完全否认的态度。由于这种人不能正确地看待和预见事物，常常带有一定的主观随意性，所以他们做出的事情也往往是愚蠢和可笑的。这则寓言告诉我们，不要因为担心遥远的将来，而放弃现实中的美好。

刻舟求剑 语出——《吕氏春秋·察今》

释义

比喻拘泥成例,不知道跟着情势的变化而改变看法或办法。

故事

从前,有一个楚国人搭乘一条渡船过江。渡船上有好几个渡客,大家站在船上一边观看江景,一边闲谈,这个楚国人恰好站在船舷边。渡船行到江中,忽听"扑通"一声,楚国人不小心将自己那把心爱的宝剑掉到江里去了。

同船的渡客见了,急忙叫船家快停船。一个好心的渡客劝这个楚国人赶紧跳下江去打捞。这个楚国人却笑着摇摇头,不慌不忙地说:"我自有妙法!"他掏出一把小刀,在船舷上剑掉下去的地方刻了一道深深的记号,并自言自语道:"我的剑是从这儿掉下去的!"然后他站起身,招呼船家继续行船。同船的渡客见他举止奇怪,都感到莫名其妙。

渡船在江中行了很久,终于到了岸边。这个楚国人这才从容不迫地脱了衣服,从船舷边所刻的记号那里跳下水去。他在水中捞来捞去,怎么也捞不着那把剑,浮出水面后惊讶地说:"我的剑明明是从这儿掉下去的,怎么找不到了呢?"

同船的渡客见他这副模样,全都哄然大笑起来。有个青年直笑得肚子疼,说道:"渡船早已走得老远了,而掉在水中的剑是不会走的,怎么能刻舟求剑呢?你不是太糊涂了吧?"

寓意

　　这则寓言告诉我们,客观事物是不断发展变化的,办任何事情都不能因循守旧、墨守成规、固执己见,否则办事不但达不到目标,甚至还会贻笑后人。

滥竽(yú)充数   语出——《韩非子·内储说上》

释义

不会吹竽的人混在吹竽的队伍里充数。比喻没有真才实学的人混在行家里充数，或比喻以次充好，有时也用作自谦之词。滥：失实的，假的。竽：一种吹奏乐器。

故事

战国时期，齐国有一位南郭处士，无论学什么都不专心，学得似懂非懂便半途而废。由于不学无术，他最后落得几乎没有办法混饭吃的地步。正当他为此而愁眉苦脸的时候，恰好机会来了。

原来，南郭处士有一个朋友在王宫乐队里供职。他告诉南郭处士，齐国的国君齐宣王喜欢听吹竽，可是他不爱听独奏，偏偏要组织300人的吹竽乐队，一齐演奏。负责组织乐队的官员很发愁，因为乐队的人员没有这么多，眼看就要演奏了，可是尚缺一名乐师。南郭处士听说后，急忙托这个朋友找关系走后门，冒充乐师混进了乐队。

实际上，南郭处士根本就不会吹竽。所以，乐队排演时，他就拿起竽，左看右看，模仿别人的样子放在口边，煞有介事地吹奏，其实根本没有发出声音。但是由于他把竽托在面前，掩住下半部脸，模样又装得特别认真，所以别人一点儿也看不出他不会吹竽。为齐宣王演奏的时刻到了，300名乐师一同吹响竽，声音洪亮，气势很大，响彻王宫内外。南郭处士混在乐队里，俨然一副乐师的派头。

齐宣王非常高兴，大喜之下，给300名乐师享受很丰厚的待遇。南郭

处士又惊又喜,从此不仅解决了吃饭问题,而且生活得安定富裕。就这样,他在乐队里平安地混了很多年。

后来,齐宣王死了,齐湣王继承了王位。这位新任的国君也非常喜欢听吹竽,南郭处士听后很高兴,以为能继续混下去。谁知乐队官员去请示齐湣王时,才知道齐湣王不喜欢听合奏,偏偏要乐师们一个一个单独演奏给他听。于是,乐师们个个紧张地练习乐曲,准备在齐湣王面前大显身手。只有南郭处士一人惊慌失措,因为他这几年来根本连一个音也没吹奏过,这下再也不能充数了。无可奈何之下,南郭处士只得扔下竽,悄悄地溜走了。

寓意

这则寓言说明:浑水摸鱼的人终究会被发现;凡事明察秋毫,就不会受蒙骗。它告诫人们,做人一定要有真才实学,因为就算欺骗得了一时也欺骗不了一世,侥幸永远代替不了必然。

良臣尹绰　　语出——西汉·刘向《说苑》

释义

泛指能够当面指出别人的缺点或过错并帮助其改正的人。

故事

尹绰和赦厥同在赵简子手下做官,赦厥为人圆滑,会见风使舵,看主人的脸色行事,从来不说让主子不高兴的话。尹绰却不是这样,他性格率直,对主子忠心耿耿,尽职尽责。

一次,赵简子带尹绰、赦厥及其他随从外出打猎。突然,一只灰色的大野兔蹿了出来,赵简子便命随从全部出动,策马追捕野兔,并说谁抓到野兔就奖赏谁。众随从奋力追捕野兔,结果踩坏了一大片庄稼。野兔抓到了,赵简子十分高兴,对抓到野兔的随从大加奖赏。尹绰表示反对,批评赵简子的做法不妥。赵简子不高兴地说:"这个随从听从命令,动作敏捷,能按我的旨意办事,我为什么不奖赏他呢?"尹绰说:"他只知道讨好您而不顾老百姓种的庄稼,这种人不值得奖赏。当然,错误的根源应该在您身上,您不提出那样的要求,他也不会那样去做。"赵简子听后心里闷闷不乐。

又有一次,赵简子因为前一天晚上饮酒过多,醉卧不起,到第二天接近晌午时仍在睡梦中。这时,楚国一位贤人应赵简子3个月前的邀请前来请见,赦厥接待了那位贤人。为了不打扰赵简子睡觉,赦厥婉言推辞了那位楚国人的请求,结果令那位贤人扫兴而归。赵简子一直睡到黄昏才醒过来,赦厥除了关心赵简子是否睡得香甜外,对来人求见的事只是轻描淡写地敷衍了几句。

赵简子常对手下人说:"赦厥真是我的好助手,他真心爱护我,从不会在别人面前批评我的过错,生怕伤害了我。可是尹绰就不是这样,他对我的细小缺点都从不放过,哪怕是当着许多人的面,也对我吹毛求疵,一点儿也不顾及我的面子。"

尹绰听到这些话后,就跑过去找赵简子,对他说:"您的话错了!作为臣下,就应该帮助完善您的谋略和您的为人。赦厥从不批评您,他从不重

视您的过错,更不会教您改错。我呢,总是注意您的处世为人及一举一动,凡是有不检点或不妥之处,我都要给您指出来,好让您及时纠正,这样才算尽到了臣子的职责。如果我连您丑恶的一面也加以保护,那对您有什么益处呢? 丑恶有什么可爱的呢? 如果您的丑恶越来越多,那又如何能保持您良好的形象和尊严呢?"

赵简子听了,觉得尹绰说得很有道理。

孔子说:"尹绰是君子啊! 当面指出别人的过错,而不是称赞别人的优点。"

寓意

这则寓言告诉我们:对一个人真正的爱护并不是一味讨好,而是在发现对方的缺点或过错后,能真心指出并帮助其改正,使之不断完美起来。

良狗捕鼠 语出——《吕氏春秋·士容》

释义

用好狗来捕捉老鼠。说明有了人才如果不善于使用,就不能够发挥他们的作用。

故事

齐国有个人非常善于识别狗的优劣。他的邻居请他找一只能捉老鼠的狗。过了一年后，这个人才找到一只，对邻居说："这是一条优良的狗呀！"

邻居把狗养了好几年，可是这只狗并不捉老鼠。他把这个情况告诉了那个善于识别狗的人。那个善于识别狗的人说："这的确是一只好狗呀，它想捕捉的是獐、麋、猪、鹿这类野兽，而不是老鼠。如果您想让它捉老鼠的话，就得把它的后腿拴起来。"

邻居果真把狗的后腿拴住了，这只狗才捉起老鼠来。

寓意

这则寓言告诉我们，物尽其性才能发挥专长，但若要大材小用，只能扼杀其才能。有了人才如果不善于使用或才非所用，就不能发挥他们的作用，是对人才的浪费。因此，我们要创造条件，令人尽其才、物尽其用。

梁上君子

语出——南朝宋·范晔《后汉书》

释义

躲在梁上的小偷。窃贼的代称。梁：房梁。

故事

东汉时期，颍川有个名叫陈寔（shí）的官员，早先担任太丘县的长官，后来在大将军窦武的部下任职。陈寔品行端正，办事公道，为人心地宽厚，对子弟教育有方，很受人们称赞。

陈寔治家严谨，对家人很严格，常常从小事入手教育子弟，因此后辈们都很勤勉上进。有一年收成不好，老百姓生活很贫困。一天晚上，有一个小偷混进了陈寔家中。小偷见屋里还亮着灯光，就悄悄地爬上房梁，躲在暗处，准备等他们熄灯熟睡之后再偷东西。陈寔暗中发现了，但并未声张，也没有惊动小偷，而是悄悄地披衣下床，把儿子、孙子都召集过来，一起站在房梁下面。小偷吓坏了，不知道他们要干什么，连气也不敢大声喘。儿孙们也都莫名其妙，不知陈寔要干什么。

这时，陈寔以严肃的口气告诫大家说："做一个人，应当自觉地要求上进，不管什么时候都不能放松自己，走入邪途。只有自己不断地勉励自己，才会有出息。要知道，做坏事的人并不是生下来就是坏人，只因为对自己要求不严，做了坏事不想改正，又不断地再做坏事，渐渐地养成了坏习惯，想改正又缺乏勇气，所以才到了这般堕落的地步！请你们抬头看看，上面有一位梁上君子，就是一个很好的例证！"大家听了这话，都抬起头往梁上看去，果然看见一个小偷畏畏缩缩地躲在梁上。

这个小偷把陈寔的话一句一句听得清清楚楚，早已羞愧万分，便硬着头皮跳下地来。他狼狈不堪地给陈寔连连磕头，再三求饶。陈寔叫他站起来，对他说："我看你的模样不像个坏人，你的态度倒也诚恳，大概是生活穷困所逼才做小偷的。你应该从此改邪归正，发誓不再做小偷，而要做个光明正大的人。"小偷满面愧色，连声称是。陈寔见他这样，便送给他两匹绢，叫他以此为本钱去做生意。小偷十分感动，拜谢后带着绢走了。

这件事传出以后，人们更加敬佩陈寔。有人甚至说："做了错事宁愿

被惩罚,也不愿意让陈先生知道啊!"从此以后,陈寔所管的这个县再也没有出现过小偷。

寓意

　　这则寓言告诉我们,做人一定要勤勉上进,知错必改,不可一错再错、放任自己。它还告诫我们,对犯了错误的人不应全盘否定,而应积极进行教育和挽救,这样才能收到理想的效果。

两小儿辩日　语出——《列子·汤问》

释义

　　两个小孩儿辩论太阳的远近。

故事

　　孔子周游列国,路上遇见两个小孩儿正在争论。孔子就问他们为什么争论。

　　一个小孩儿说:"我认为太阳刚刚出来时离人比较近,而到了中午,太阳就离我远了。"另一个小孩儿却认为太阳刚刚出来时离我们远,而中午时离我们近。

一个小孩儿说:"太阳刚出来时像车上的篷盖那样大,到了中午,就只有盘子、碗口那么大了,这难道不是远的显得小、近的显得大吗?"

另一个小孩儿说:"太阳刚出来时还凉飕飕的,到了中午,就像开了锅的水一样,这难道不是近的感觉热、远的感觉凉吗?"

孔子听了之后,不能判断谁是谁非,认为他们说得都有道理。两个小孩儿笑着说:"谁说你是知识最丰富的人呢?"

寓意

这则寓言说明,要想求得完全的知识,就要克服片面性,不要抓住一点儿现象就坚持己见,作无谓的争执。同时,它也告诫我们,无论什么人都不能自炫多知,必须永远保持谦虚,因为任何人都不能通晓一切。

列子学射　　语出——《列子·说符》

释义

指做事不仅要知其然,还要知其所以然,要掌握其规律。

故事

列子学习射箭,射中了靶心,就去请教关尹子射箭的秘诀。关尹子说:

"你知道你能射中靶心的原因吗？"

列子回答说："不知道。"

关尹子说："那还不行。"

列子于是又回去练习。过了3年，列子又来向关尹子求教。

关尹子又问："你知道你能射中靶心的原因了吗？"

列子说："知道了。"

关尹子说："可以了。你要牢牢记住，千万别忘记它。不但是射箭，治理国家以及自我修养，都要像这个样子。"

寓意

这则寓言告诉人们，不论是学习还是做事，不仅要知其然，而且还要知其所以然。因为只有知其所以然，才算掌握其规律；只有在学习或工作上精益求精，才能把事情办好。

猎者得麋　语出——《战国策·楚策三》

释义

猎人根据麋鹿狡猾的习性，将计就计，最终把它捉住了。说明道高一尺，魔高一丈。

故事

山林沼泽中的野兽，要数麋鹿最狡猾了。它知道猎人张开网，是要把它往网里面驱赶。所以，它就掉转身子，直往猎人身上撞去。这样，它一次又一次地逃脱了猎人的追捕。

猎人知道了它的狡诈，就举着网假装前来驱赶它，而自己身后则张开捕捉它的网。麋鹿仍然按照以前的老办法向猎人冲过来。结果，它终于被猎人捉住了。

寓意

这则寓言告诉我们：经验是可贵的，它对于我们继续取得成功具有很大的助益；但是，一条经验是在一定条件下取得的，一旦条件变了，原有的经验也就不适用了，或者不完全适用了，因此不能死抱着老经验办事。如果我们过分迷信经验，把以往成功的经验当成到处适用的真理，就会犯经验主义错误，必然会失败。此外，这则寓言还说明，对于善于玩弄权术的人，只要摸清他的底细，就能将计就计，把他制伏。

临江之麋

语出——唐·柳宗元《柳河东集·三戒》

释义

形容依势放纵、失去戒心，误将敌人当成朋友的人。

故事

从前，临江有一个人爱好打猎。有一次，他到山里去打猎，偶然发现了一个鹿穴，老鹿可能是觅食去了，只剩下一只毛都还没长齐的小鹿。这个人十分怜爱这只小鹿，就将它抱起来，带回家里去饲养。

这人抱着小鹿刚一进家门，家里养的一群狗就一边摇着尾巴一边流着口水跑了过来。它们以为小鹿是主人带给它们的食物，不顾小鹿还在主人怀里，就迫不及待地伸出爪子去碰它。主人见状对它们大声呵斥道："畜生，还不快滚开！"他又踢了它们几脚，那群狗才悻悻地躲开了。

见这群狗对小鹿垂涎三尺，这个人不禁很担心小鹿会遭它们的毒手。于是，他就天天抱着小鹿到狗的跟前去，让狗慢慢熟悉它、亲近它，想让它们之间建立起感情。到后来，他又把它们放在一起玩耍，教狗爱护小鹿，不准惊动它、骚扰它。这群狗明白主人的意思是要保护小鹿的安全，就都按照主人的心意去做，听从主人的安排，和小鹿很亲热，也不再吓唬它。

小鹿慢慢长大了，因为和狗相处的时间长了，竟然忘记了狗是鹿的敌人，反而认为狗是自己的好朋友。它整天和狗在一块儿互相舔舐，翻滚嬉戏，碰撞追逐，一天比一天亲热，玩得十分开心。而这群狗因为想讨好主人，又怕主人的责罚，也就一直迁就小鹿，陪着它玩耍，但还是改变不了它们的本性，常常暗地里瞧着小鹿流口水。

3年之后，小鹿长大了。有一次它出门去，看见大路上有一群野狗，以为遇到了好朋友，便立刻跑过去想跟它们玩耍。这群野狗见了小鹿既高兴地走近，又生气它冒犯了自己。于是它们冲上来又撕又咬，一起把小鹿咬死吃掉了，血淋淋的尸骨散乱地弃置在道路上。只可惜，那只小鹿一直到死都没有明白自己落得这个下场的原因。

寓意

这则寓言告诫我们：不要企图扭曲、改变事物的本性，越想改变，麻烦就越大，顺势而为才是根本；不要对敌人失去戒心，更不可误将敌人当成朋友，否则一定会吃亏上当。

龙王与青蛙　语出——《艾子杂说》

释义

指自身力量大小不同，所起到的作用或产生的影响也会不同。

故事

龙王住在海底深处，传说它是水族中的至尊，水中一切动物都是它的臣民。龙王还能呼风唤雨，它的一举一动都会给民间百姓带来很大影响。

因此,民间百姓虽不是水族动物,也同样对龙王顶礼膜拜。

一天,龙王出外巡游,在海滨遇到了一只青蛙。龙王和青蛙相互问候之后,便友好地攀谈起来。青蛙问:"龙大王您居住的地方是什么样的呀?"

龙王说:"我住在宫殿里,那宫殿可不是一般的宫殿,而是海底宫殿,是用珍珠宝贝建造起来的,里面珠光宝气、金碧辉煌。"

接着,龙王又问青蛙说:"那么你居住的地方是什么样子呢?"

青蛙回答说:"我居住的地方嘛,在山间小溪边,那里有绿色的苔藓和碧绿的青草,还有清亮的泉水和洁白的山石,简直是美丽极了!"说着,青蛙高兴起来,又问龙王道:"龙大王,您高兴和发怒的时候会怎么样呢?"

龙王说:"我高兴的时候,就给人间适时降下滋润的雨水,使五谷丰登;我发怒的时候,就刮起暴风,使天地间飞沙走石,然后,再加以霹雳闪电,使得千里之内寸草难留。"说完,龙王又问青蛙:"那么你在高兴和发怒的时候会怎么样呢?"

青蛙回答说:"我跟龙大王您完全不一样。我高兴了,就在清风明月的夜晚放开我的歌喉,一个劲儿地'呱呱'叫,唱上一阵;我要是发怒了,就先睁大眼睛凸出眼珠子,接着便鼓胀起我的肚子,表示我的气愤,最后把肚子胀过以后也就罢了。我就这么大能耐。"

寓意

这则寓言的言外之意,不同的人有不同的理解和阐释。有的人认为,它说明了越是鼠目寸光、胸无大志的人,往往越是喜欢自我陶醉、自鸣得意;有的人则认为,它说明了力量大小不同的人所起到的作用或产生的影响也是不同的。

笼中猿猴　语出——明·刘基《郁离子》

释义

比喻因长期过着不劳而获的舒适生活，而丧失独立生活能力的人。

故事

从前，有一个人用笼子养了一只猿猴。养了 10 年之后，他心里十分怜悯它。为了让它重获自由，回归大自然，这个人就把它放掉了。但是，过了两天，这只猿猴又回来了。这个人心里想："大概是放得还不够远吧！"

于是，他就派人抬着这只猿猴，一直送到深山大谷里。这只猿猴由于长期生活在笼子里，忘记了在野外觅食的习性和技能，最后终因无法获得食物哀鸣而死。

寓意

这则寓言告诫人们，如果长期过着不劳而获的舒适生活，就会丧失独立生活的能力。因此我们一定要采取谨慎的态度对待自己的专长，以防失掉专长，失去生存的能力。

鲁侯养鸟 语出——《庄子·至乐》

释义

形容仅凭个人主观愿望而违背客观实际做事的人。

故事

从前,鲁国的郊外飞来了一只非常漂亮的海鸟。鲁国的国君鲁侯听说后,就让人去捉它。捉鸟的人很快就把它捉住了。

鲁侯得到这只海鸟后特别高兴,把它当成贵宾,供养在太庙堂。为了表示对这只鸟的尊敬和厚爱,鲁侯让人每天吹箫、打鼓给它听,还安排了最阔绰、最丰盛的筵席请它吃。

这么一来,可把这只海鸟吓坏了。它哪见过这种场面呀,所以感到十分惊恐。听着箫声、鼓声,看着眼前不知是什么东西的食物,还有许许多多的人,它越来越害怕,整天提心吊胆、惊惶不安,一块肉也不敢吃,一滴水也不敢喝。就这样过了三天三夜,这只海鸟终于死掉了。

鲁侯这是用自己的生活方式来养鸟,不是用养鸟的方法来养鸟啊!

寓意

这则寓言告诉我们:处理事情要符合事物的本质,对待他人也要尊重他人的本性;如果仅凭良好的愿望而不注重客观实际和客观规律,只会事倍功半,甚至更糟。

鲁人徙越

语出——《韩非子·说林上》

释义

说明做事之前必须先进行调查研究，不可单凭主观愿望鲁莽行事。

故事

鲁国有一个人很会打草鞋，他的妻子很会织白绸。后来，他们两口子就想搬到越国去居住。有人对他们说："你们到越国去必定会变穷。"

那个鲁国人就问道："为什么呢？"

这个人回答说："做鞋是为了给人穿的呀，但是越国人却习惯于赤脚走路；织白绸子是做帽子用的，但是越国人喜欢披散着头发，不戴帽子。以你们的特长，跑到用不着你们的国家中去，要想不穷困，哪能办得到呢？"

那个鲁国人听后才恍然大悟，觉得很有道理，于是就打消了去越国的念头。

寓意

这则寓言告诉我们：凡做一事，制订计划或采取行动之前必须先进行调查研究，从实际出发，千万不可单凭主观愿望，心血来潮，鲁莽行事；要发挥自己的专长，必须找到合适的地方，如果找错了地方，专长就会变成短处。另一方面，如果我们辩证地来看问题，也可以得出这样一个结论：因为越人赤足披发，那个鲁国人到越国后，他的鞋帽生意就会有更广阔的市场，那么他也会更有用武之地。

买椟还珠　语出——《韩非子·外储说左上》

释义

把装珠宝的木匣买走，而把贵重的珠宝还给卖者。比喻没有眼力，取舍不当。也讽刺不识事物本质，弃主求次。

故事

楚国有一个人到郑国去卖珍珠。为了能卖个好价钱，他特地把珍珠放在一个用木兰做成的匣子里。他用桂、椒一类香料将这个匣子熏得芳香袭人，还镶缀着珠子和宝玉，装饰着玫瑰石，镶嵌着绿翡翠，看上去非常华丽。

有个郑国人看中了这个漂亮的匣子，把匣子买了下来，但却退还了里面的珍珠。

这个楚国人可算是善于卖匣子，却不能算是善于卖珍珠啊！

寓意

这则寓言告诫人们：不能过分讲究和追求形式，不然就会喧宾夺主，埋没内容，适得其反；做什么事情都要分清主次，否则就会像这位"买椟还珠"的郑人那样做出舍本逐末、取舍不当的傻事来。

莫逆之交　语出——《庄子·大宗师》

释义

指非常要好或情投意合的朋友。

故事

从前,有四个人,分别是子祀(sì)、子舆、子犁和子来,他们主张万事万物顺应自然,认为天地间"无"是最崇高的。有一天,这四个人聚在一起,热烈地讨论着"无"的崇高和伟大。最后,他们取得了一致的看法:"无"就像人的头一样,起着至关重要的作用。分别时,四个人互相望着笑着,认为他们心心相通,友谊将天长地久。

过了一些时候,子舆生病了,子祀前去探望。子舆出门迎接时,弯着腰,勾着头,高耸起两肩,背上长着五个大脓疮。由于过分地弯着腰,脸都快贴着小肚子了,但他却坦然地牵着子祀的手,一块儿走到井边,轻松地闲聊起来。

不久,子来又害了病,子犁去看子来,见子来的妻子悲伤地啼哭。子犁大声地喝开子来的妻子,坐在床边对子来说道:"唉,你的妻子真不懂事!伟大的造物主正在变化你,怎么能随便惊动呢?"子来感激地说:"假如一个铁匠正在打铁,火炉中的一块铁突然跳了起来,那铁匠一定认为是不祥之兆。天地是一个大熔炉,阴阳是一个伟大的铁匠。我现在正在被天地铸造着,怎么会表示出痛苦呢?"子犁紧紧地握着子来的手,说:"我们真是莫逆之交啊!"

寓意

　　古人常说，一生能得一知己足矣。人这一生如果能够遇到一个非常要好，而且彼此能够心有灵犀的知己，这就已经足够了，即使是面对死亡，也不会有任何的遗憾和恐惧。

　　只是，我们的一生当中究竟能否遇到知己呢？能遇到几个知己呢？茫茫人海中，要能够探听到对方心底的声音，而且还能彼此信赖，携手与共，这也应该算是人这一生中最困难的事情之一吧。所以，如果你有幸能够和某个人结为莫逆之交，就请珍惜他吧！

南辕北辙 语出——《战国策·魏策四》

释义

心里想往南去，却驾车往北走。比喻行动和目的正好相反，结果离目标越来越远。

故事

魏国的安釐（lí）王要发兵攻打赵国的都城邯郸，大臣季梁本已奉命出使外国，听到这个消息后，立即赶了回来。他连家也没有回，衣服褶皱了也没有来得及浆洗弄平，满头的尘土也顾不得掸掉，就匆匆忙忙进宫去见魏王。魏王感到十分奇怪，问他："你怎么回来了？有什么要紧的事吗？"

季梁说："是啊，这次我从外面回来，看到一个人在大道上，正坐着车子往北走，还得意洋洋地对我说：'咳，我要到楚国去了！'"

魏王听了哈哈大笑道："楚国在南方，他怎么往北跑呢？"

季梁说："是呀，我也这么问他。可是他却说：'不要紧，我的马跑得快。'我说：'你的马虽然跑得快，但这不是到楚国的路呀！'他又说：'不要紧，我的路费带得多。'我说：'你的路费带得再多也没有用呀。'他还是说：'不要紧，我的车夫赶车的本领可大哩，谁也抵不上他。'"

魏王忍不住叫道："咳！天下竟有这样的糊涂人！"

季梁说："大王说得对，他的方向弄错了，即使马跑得再快、路费带得再多、车夫驾车的本领再大，也达不到目的地，相反却会离楚国越来越远！"说到这里，季梁的话锋一转，说："如今大王想成就霸业，那就应该

取得各国君主的信任才对。可是，您却想凭借兵精粮足、国土广大的优越条件，去攻打赵国，以此来提高自己的威望。这样，攻打别国的行动越多，距离您统一天下、称霸为王的愿望就越远了，这正好和想到楚国去而向北走一样啊。"

魏王听后沉默不语了。后来，他终于放弃了攻打赵国的计划。

寓意

这则寓言说明，做事不能背道而驰，要切合实际情况；如果行动与目的相反，结果就会离目标越来越远。一个人即使有许多优点或长处，也不足以决定成功，最重要的是要有正确的方向，方向正确，才是成功的基本保证。

齐王嫁女

语出——《韩诗外传》

释义

指有些人或事物虽不能直接见到，却可用类推的逻辑方法来判断。

故事

有一个名叫吐的人，经营宰牛卖肉的生意。由于他聪明机灵，经营有方，所以生意做得还算红火。

一天，齐王派人找到吐，那人对吐说："齐王准备了丰厚的嫁妆，打算把他的女儿嫁给你做妻子，这可是大好事呀！"

吐听了，并没有受宠若惊，而是连连摆手说："哎呀，不行啊！我身体有病，不能娶妻。"那人很不理解地走了。

后来，吐的朋友知道了这件事，觉得奇怪，心想吐怎么这么傻呢？于是，他跑过去劝说吐："你这个人真傻，你一个卖肉的，整天在腥臭的宰牛铺里生活，为什么要拒绝齐王拿厚礼把女儿嫁给你呢？真不知道你是怎么想的。"

吐笑着对朋友说："齐王的女儿实在太丑了。"

吐的朋友感到摸不着头脑，问道："你见过齐王的女儿吗？你怎么知道她长得丑呢？"

吐回答说："我虽然没有见过齐王的女儿，可是我卖肉的经验告诉我，齐王的女儿是一个丑女。"

朋友不服气地问："何以见得？"

吐胸有成竹地回答说："拿我卖牛肉来说吧，我的牛肉质量好的时候，

只要给足分量,顾客拿着就走,我用不着加一点儿、找一点儿的,顾客感到很满意,我呢,唯恐肉少了不够卖;我的牛肉质量不好的时候,虽然给顾客再加一点儿这、找一点儿那的,他们依然不要,牛肉怎么也卖不出去。现在,齐王把女儿嫁给我一个宰牛卖肉的,还加上丰厚的礼品财物,我想,他的女儿一定是很丑的了。"

吐的朋友觉得吐说得十分在理,便不再劝他了。

过了一些时候,吐的朋友见到了齐王的女儿,一看她果然长得很难看。这位朋友不由得暗暗佩服吐的先见之明。

寓意

这则寓言说明,有些事物虽然不能直接见到,却可以用类推的方法来判断;在人生的岔路口,不要为权势和金钱所引诱,而要以自己亲身的感受去举一反三地思考生活中的现象,以免掉入痛苦的深渊。

杞人忧天 语出——《列子·天瑞》

释义

杞国有个人怕天塌下来。比喻不必要的或缺乏根据的忧虑和担心。

杞:周代诸侯国名,在今河南省杞县一带。

故事

传说古时候杞国有一个人,时常担心天会坠落下来,地会塌陷下去,弄得自己无处藏身。因此,他整天愁眉不展,心惊胆战,睡不着觉,也吃不下饭。

这个人的一位朋友见他这样忧愁,很可怜他,就跑来开导他说:"天不过是堆积在一起的气体罢了,天地之间没有一个地方没有这种气体。你的一举一动,一呼一吸都与气体相通。你整天生活在天的中间,怎么还担心天会塌下来呢?"

这个人听了这番话,更加惶恐不安,忙问:"如果天真的是由气体堆积起来的,那么日月星辰挂在气体的上面,难道不会坠落下来吗?"

他的朋友答道:"日月星辰也是由气体聚集而成的,只不过会发光发亮罢了。即使掉下来,也绝不会砸伤人的。"

这个杞国人沉思了一会儿,仍然不放心,又问:"如果大地塌陷下去,那可如何是好呢?"

他的朋友耐心地解释说:"大地也不过是堆积起来的土块罢了。这些泥土、石块到处都有,塞满了每一个角落。你可以在它上面随心所欲地奔走跳跃,为什么要担心大地会塌陷下去呢?"

经过这么一番开导,这个杞国人终于放下心来,很高兴。开导他的那个朋友也放了心,也很高兴。

寓意

这则寓言嘲笑了那些为本来不用担忧的事而去担忧发愁的人。它启示人们,在日常生活、学习和工作中,要注意平衡心态,不要自寻烦恼。

弃璧负子　语出——《庄子·山木》

释义

逃难时丢弃价值千金的玉璧,而选择背着自己初生的孩子逃命。形容在危难时刻不选择金钱、利欲而选择真情、道义的人。

故事

古时候,战争接连不断。假国被晋国灭亡后,人们纷纷逃难。有一个叫林回的贤士,丢掉了价值千金的玉璧,却背着初生的婴儿逃命。有人问他:"你是为了钱财吗? 可婴儿并不值钱啊! 你是怕受拖累吗? 可携带着婴儿逃难的麻烦才多哩! 你丢掉了价值千金的玉璧,偏偏要背着一个不值钱的初生婴儿逃命,这是为什么呢? "

林回听后回答道:"那块玉璧只不过因为有价值才和我有关联,这孩子却是我的亲生骨肉,他和我是天然地关联在一起的啊! "

所以说,凡是因为财帛货利结合在一起的,遇到贫穷、灾难、祸患的时候就会相互抛弃;凡是因为骨肉情义相关联的,遇到贫穷、灾难、祸患的时候却会相互救援。相互救援和相互抛弃,两者之间有着天壤之别啊!

寓意

这则寓言告诫人们,人与人之间的关系不能建立在金钱、利欲的基础上,而要依靠真情和道义。从天性出发相亲相爱才是纯洁的、长存的,为利害得失相交则是卑下且无法持久的。

请君入瓮

语出——北宋·司马光《资治通鉴·唐则天皇后天授二年》

释义

比喻以其人之道,还治其人之身。也比喻用某人整治别人的办法来整治他自己。瓮:一种陶制的器皿。

故事

唐朝武则天为女皇时,大臣来俊臣和周兴是有名的酷吏,他们惯用各种酷刑逼人招供。有人告发周兴谋反,武则天就命令来俊臣进行审问。

来俊臣找了一天请周兴吃酒,宴中问周兴:"很多犯人不承认自己的罪行,应当采取什么办法呢?"

周兴说:"这太容易了! 拿一个大瓮来,四周用炭火烧得热热的,然后把犯人装进去,犯人受不了坛内烘烤的痛苦,还有什么事敢不招供呢?"

于是,来俊臣叫人抬来一只大瓮,按照周兴的说法,用炭火在四周烧烤。这时候,来俊臣站起身来,对周兴说:"奉旨审问老兄,请老兄入瓮!"

来俊臣的话音刚落,周兴早已吓得魂不附体,于是连忙跪下,使劲叩头认罪。

寓意

这则寓言揭露了酷吏的残忍,也教会人们一种以牙还牙的处事方法。同时,它也告诫人们不要作法自毙。

曲突徙薪 语出——东汉·班固《汉书·霍光传》

释义

把烟囱改建成弯的,把灶旁的柴草搬走。比喻事先采取措施,才能防止灾祸。突:烟囱。徙:迁移,搬走。薪:柴火。

故事

汉宣帝时显赫的大司马大将军霍光,是西汉名将霍去病的异母兄弟。汉武帝死后,他奉遗诏辅助昭帝。昭帝死后,他迎立刘贺为帝。不久,他又废去刘贺,迎立刘病已(即位后改名询)为帝,是为汉宣帝,并把自己的小女儿嫁给宣帝为皇后。至此,霍氏家族独揽朝廷大权,显贵至极。

当时有个名叫徐福的人,几次上奏章提醒宣帝,应该采取必要的措施,限制霍光的权力,否则,霍氏家族终有一天会谋反。但是,宣帝对此一直置若罔闻。

霍光死后3年,他的家人果然要谋反。幸亏有人告发,宣帝及时采取果断措施,将霍氏家族全部杀尽,才未酿成大祸。

事后,宣帝对告发过霍光的人大加赏赐,而对早就劝告他应对霍光采取必要措施的徐福,却没有一点儿赏赐。有位大臣对此感到不平,特地向宣帝上书。在上书中,这位大臣先讲了一个故事:

有个人到朋友家里做客,主人正在做饭。客人见主人灶上的烟囱是笔直的,灶膛旁又堆了不少柴火,觉得这样的设置和安排很危险,便对主人说:"依我看,您这烟囱应该改砌成弯曲的,柴火应该搬得远些。否则,容易发生大火灾呀!"

主人觉得客人说的话不吉利，不以为然，默不作声。

不久，这主人家果然失了火。幸亏左邻右舍及时赶来把火扑灭，才未造成更大的损失。

事后，主人杀牛沽酒，摆酒酬谢来救火的邻居。他请那些被火烧得焦头烂额的人坐在上首，其余的人按照出力大小次第就座。他请了这么多人来，就是没有请那位劝他改砌烟囱、搬走柴火的朋友。

席间，有人不平地对主人说："要是您当初听从那位朋友的话，把烟囱改砌成弯曲的，把柴火放远些，那么就不会失火了，今天也就不需要杀牛沽酒来酬谢救火的邻居了。如今，您论功请宾客，却把您的那位朋友忘了。这岂不是'曲突徙薪忘恩泽，焦头烂额为上客'了吗？"

主人听了这番话后，顿时醒悟过来，马上把那位朋友请来，奉为上宾。

宣帝看到这里，明白这位大臣为什么要在上书中先讲这个故事了。于是，宣帝马上赏徐福 10 匹绢，并提升了他的官职。

寓意

这则寓言说明了做任何事情都要有预见性，如果自己没有意识到，听听别人的建议也是好的，防患于未然总比出了险情再去补救更为明智。

仁智的孙叔敖 语出——西汉·刘向《新序》

释义

说明善有善报，为他人做好事，自然会获得别人的尊重与爱戴。

故事

孙叔敖小时候就是一个好孩子，他勤奋好学、尊敬长辈、孝敬父母，很受邻里的喜爱。

有一次，孙叔敖外出玩耍，忽然看到路上爬着一条双头蛇。他以前听别人说，谁要是看见双头蛇，谁就会死去。孙叔敖乍一见这条蛇，心中不免一惊。他决定立即把这条双头蛇打死，不让别人再看见。于是，他拾起路边的大石块，打死了双头蛇，并把它深深地埋了起来。

回到家里，孙叔敖伤心地哭了起来。母亲感到十分诧异，问道："孩子，出了什么事啊？你哭得这么伤心？"

孙叔敖边哭边说："今天我在外面看到了一条双头蛇。听人说，看见这种蛇的人会死去的，要是我死了，我就再也见不到您了……"

母亲听了这话，一边抚慰他一边问道："那条蛇现在在哪儿呢？"

孙叔敖边擦眼泪，边回答说："我怕再有人看见它，也会死去，就把它打死埋起来了。"

听了儿子的话，母亲很感动，高兴地摸着他的头说："好孩子，你做得对。你的心眼儿这么好，一定不会死的！好人总是有好报的！"

孙叔敖半信半疑地看着母亲，点了点头。

后来，孙叔敖长大成人，因为学识品德好，做了楚国的令尹。他还没

有正式上任,老百姓就已经十分相信他的仁德了。

寓意

　　这则寓言反映了中国传统的道德准则:要与人为善,宁愿自己吃些亏,也要让别人获益。它告诉我们,为他人做好事,自然会获得别人对你的尊重与爱戴,日后当你遇到困难时,别人也会来帮助你。

山鸡舞镜

语出——南朝宋·刘敬叔《异苑》

释义

山鸡对镜起舞。比喻自我欣赏。

故事

山鸡天生美丽，浑身都披着五颜六色的羽毛，在阳光照耀下熠熠生辉，鲜艳夺目，叫人赞叹不已。山鸡很为这身华羽而自豪，非常怜惜自己的美丽。它在山间散步的时候，只要来到水边，瞧见水中自己的影子，就会翩翩起舞，一边跳舞，还一边骄傲地欣赏水中倒映出的自己那举世无双的舞姿。

曹操执政的时候，有人从南方献给他一只山鸡。曹操十分高兴，召来了有名的乐工，奏起动听的曲子，好让山鸡跳舞鸣唱。乐工卖力地又吹又打，可是山鸡却一点儿都不买账，充耳不闻，既不跳也不唱。曹操的手下人拿来美味的食物放在山鸡面前，山鸡连看都不看，无精打采地耷拉着脑袋走来走去。就这样，任凭大家想尽了办法，使尽了手段，始终没能逗得山鸡起舞。

曹操非常扫兴，斥责手下人说："你们这么多人，连一只山鸡都对付不了，还怎么做大事！"

曹操有一个十分喜爱的小儿子，名叫曹冲。曹冲自幼聪明伶俐，又博览群书、见识渊博。这时候，他动了动脑子，有了主意，于是就走上前去对父亲说道：

"父王，儿臣听说山鸡一向为自己的羽毛感到骄傲，所以一见到水中

有自己的倒影,就会跳起舞来欣赏自己的美丽,何不叫人搬一面大镜子来放在山鸡面前,这样山鸡顾影自怜,就会自动跳起舞来了。"

曹操听了拍手称妙,马上叫人将宫中最大的镜子抬来,放在山鸡面前。

山鸡慢悠悠地踱到镜子面前,一眼看到了自己无与伦比的丽影,比在水中看到的还要清晰得多。它先是拍打着翅膀冲着镜子里的自己激动地鸣叫了半天,然后就扭动身体,舒展步伐,翩翩起舞了。

山鸡迷人的舞姿让曹操看呆了,连连击掌,赞叹不已,也忘记了叫人把镜子抬走。

可怜的山鸡,对影自赏,不知疲倦,无休无止地在镜子前拼命地又唱又跳。最后,它终于耗尽了最后一点儿力气,倒在地上死去了。

寓意

这则寓言告诫人们,在生活中不能过分自我陶醉,更不能让虚荣心、好胜心战胜了理智,否则就会遭到惨败。

释鹿得人　　语出——《韩非子·说林上》

释义

说明一个人只要秉持仁善,终会得到他人的信任和厚爱。

故事

一次，鲁国的国君孟孙带着随从进山打猎，臣子秦西巴跟随左右。打猎途中，孟孙活捉了一只可爱的小鹿，他非常高兴，便命令秦西巴把小鹿送回宫中，供他日后赏玩。

秦西巴在回宫的路上，突然发现一只大鹿紧跟在后，不停地哀嚎着。那只大鹿一号叫，这只小鹿便应和一声，叫声十分凄惨。秦西巴明白了，这是一对母子。他心中实在不忍，便把小鹿放在了地上。那母鹿不顾秦西巴站在旁边对自己有危险，一下子冲到小鹿身边，舔了舔小鹿的嘴，然后两只鹿便撒腿跑进林子里，眨眼就看不见了。

孟孙打猎归来，秦西巴对他说自己放走了小鹿。孟孙一听，顿时火冒三丈，打猎回来的余兴一下子全没了。他一气之下就将秦西巴赶出了宫门。

过了3个月，孟孙想为儿子找一位好老师，许多臣子都来向他推荐。孟孙一一接见了那些人，但总觉得不是十分满意。正当孟孙闷闷不乐的时候，他突然想起了之前被自己赶出宫去的秦西巴，心中顿时豁然开朗，立即命人去寻找秦西巴。找到秦西巴后，孟孙让人把他带回宫来，并拜他为太子的老师。

左右臣下对孟孙的做法很不理解，他们问道："秦西巴当初自作主张，放走了大王所钟爱的小鹿，他对您是有罪的，您现在反而请他来做太子的老师，这是为什么呢？"

孟孙笑了笑说："秦西巴不但学问好，更有一颗仁慈的心。他对一只小鹿都有怜悯之心，宁可自己获罪也不伤害动物的母子之情，现在请他来当太子的老师，我就可以放心了。"

寓意

这则寓言说明,人应该全面地看问题,不要只看一时现象。孟孙正是因为多角度观察,看到了秦西巴的善良忠厚,才委其以重任的。看来,一个人只要秉持仁善,终会得到他人的信任和厚爱。

守株待兔　语出——《韩非子·五蠹》

释义

原比喻希图不经过努力而得到成功的侥幸心理。现也比喻死守狭隘经验,不知变通。

故事

一天,宋国的一个农夫正在耕田,突然,一只兔子从远处跑了过来。田地里有一截露出地面的树桩,那只兔子竟一下子撞到了树桩上,折断脖子死去了。

农夫平白地得到一只兔子,高兴极了。他心想:我只要天天守着这个树桩,不就天天可以捡到兔子了吗?

于是,从此之后,那个农夫就丢下农具,不再耕种庄稼,而是一直守在那个树桩旁边,希望还能得到撞死的兔子。

结果，那个农夫再也没有捡到兔子，他自己却成了宋国人的笑柄。

寓意

这则寓言讽刺了那些把偶然当做必然，妄想不劳而获、坐享其成的人，以及他们那种死守狭隘经验、不知变通的愚昧行为。它告诫人们，做任何事情都必须要有实干精神，不能抱有侥幸心理。

束缊请火

语出——《汉书·蒯通传》

释义

比喻求助于人。也比喻为人说情，排解纠纷。

故事

有一户人家住着婆媳两人，儿子经常外出，很长时间才能回家一次。这个婆婆在家专横跋扈，经常对媳妇横挑鼻子竖挑眼的。媳妇不能申辩，更不敢反抗，只能暗自伤心流泪。幸亏隔壁有位好心的老妈妈，十分同情这位媳妇，常常安慰她并暗中帮助她。

一次，婆婆外出走亲戚，下午回到家里，发现家中的肉少了。婆婆心里顿时来了气，她怎么想都觉得是媳妇偷吃了。于是，她不问青红皂白就

劈头盖脸地骂起来："你这个好吃懒做的坏女人！我不在家你就无法无天了,竟敢在家中偷吃东西！"

媳妇觉得实在冤枉,忍不住说道："老天爷在上,我没偷吃东西,他看得最清楚。"

没等媳妇说完,婆婆早已气得跳了起来,指着媳妇大声喊道："这还了得,竟敢顶撞我！算是我冤枉了你,我瞎了眼睛！我家养不起你这个媳妇了,你马上给我滚回娘家去！我家不要你了！"就这样,婆婆把媳妇休掉了。

媳妇无可奈何,只得服从婆婆的命令。在回娘家之前,媳妇去向隔壁的老妈妈告别,哭着向她讲述了这件事情的经过。老妈妈听了,很替这位媳妇抱不平,但老妈妈也知道她婆婆的为人,如果现在马上去替媳妇解释,恐怕婆婆是根本不会听的。于是,老妈妈安慰了这位媳妇一阵后,对她说："你先慢慢走,我这就去想办法让你婆婆把你叫回来。"媳妇便擦了擦眼泪,慢慢地朝村外走去。

老妈妈等媳妇一走,马上在家里搜寻了一把乱麻,将乱麻扎在一个小棍上做了一个火引子。然后,老妈妈就到这个媳妇家里去找她婆婆借火。

婆婆问道："现在不是做饭的时候,借火做什么？"老妈妈对婆婆说："我家的狗不知从哪里叼来一块肉,几条狗为争这块肉,互相咬得很凶,我想借个火回去治治它们。"

婆婆一听,恍然大悟,肉原来是被狗叼走了。她心里感到十分愧疚。于是,婆婆赶紧找来一个人,让他马上去追赶媳妇,把她接了回来。

寓意

这则寓言告诉我们:为人排忧解难,一定要讲究策略和方法;若想弄清真相、息事宁人,就既要抓住问题的症结,又不可急于求成。

司原氏打猎

语出——东汉·王符《潜夫论》

释义

形容喜欢人云亦云、随声附和,遇事不爱动脑筋的人。

故事

从前,有一个叫司原氏的人,在一次夜间打猎时,发现了一只鹿。这只鹿听到野地里传来的声音,突然警觉起来。当看到有人正拉弓搭箭瞄准自己的时候,它撒腿就朝东面跑去了。司原氏并不气馁,他知道鹿在夜间跑不快,于是跟在后面紧紧追赶,一边追还一边大声地喊叫,试图以此把鹿吓蒙。

正在这时,西面来了一伙追赶猪的人。他们听到司原氏的喊声,以为是东面有人在堵截这头猪,于是就跟着喊叫起来。司原氏不知那伙人在喊叫什么。他看到那边喊叫的人很多,心想必定也是在追赶猎物,于是就放弃了自己追赶的鹿,朝众人喊叫的地方跑去,然后在半路上找了个地方隐蔽起来。不一会儿,那伙人叫喊着从司原氏隐蔽的地方跑过去了。

过了一会儿,司原氏发现离自己不远的地方竟然有一头浑身白色、肥肥胖胖的笨兽。他十分兴奋,以为自己得到了一头吉祥的珍贵动物。司原氏扑上去一下子把它捉住了,然后就带着这吉祥的野兽回了家。

司原氏拿出家中所有的精、粗食料来喂这头珍贵的兽。这头兽也十分亲近司原氏,一见到他便摇头摆尾,朝他发出可爱的“哼哼”声。因此,司原氏更加喜欢它了。

没过几天,刮起了狂风,下起了暴雨。暴雨淋在这头白兽身上,将附

着在它身上的白色泥土全部冲刷掉了。猪非常害怕,真的声音漏了出来。司原氏仔细一看,才发现它原来竟是自己家里丢失的老公猪,而今却被自己当做宝贝从外面带回了家中。

这就是见风就是雨的过失啊。

寓意

这则寓言说明,"眼见为实,耳听为虚"是有道理的。但是没有一个正确的思想意识支配,即使眼见也并非都能看出事物的本质。耳听难辨虚实,却往往以虚为实,这样的事情在生活中并非罕见。因此,大凡人云亦云、随声附和、遇事不爱动脑筋的人,最终追求到的往往不是真理。

随珠弹雀　　语出——《庄子·让王》

释义

用夜明珠去弹鸟雀。比喻做事不知道衡量轻重,因而得到的补偿不了失去的。

故事

春秋时,鲁国国君听说颜阖(hé)是一个很注重道德修养的人,就派

使者用重金礼聘他到朝廷做大官。

当使者来到颜阖居住的地方时,只见他一个人正坐在既不遮风也不挡雨的破茅屋门前,穿着粗布衣服,亲自在喂牛。使者感到十分奇怪,就将信将疑地上前问道:"喂,这是颜阖的家吗?"那人转过身来说:"是的,是颜阖的家。"使者不敢轻视眼前这个人,就将钱物献上,说明了来意。颜阖看了一会儿,对使者说:"你把这么多的聘金送来,是不是弄错了?假如你把给别人的给了我,这对谁都没有好处。不如回去弄清楚了再来。"使者一听,果真糊涂起来,心想国君怎么会用重金礼聘这么个糟老头子呢?

等使者弄清楚情况返回来之后,颜阖已经不知去向了。

后来庄子就此事评论说:"颜阖是一个真正厌恶富贵的人,所以他要逃避名和利。一个人最重要的是什么呢?是他的生命。今天世俗的人为了追逐名利财物而不惜丢掉生命。如果有人用随侯的宝珠去弹射飞翔在天上的鸟雀,世人一定会嘲笑他。为什么呢?因为宝珠要比鸟雀贵重。而生命,难道还没有宝珠贵重吗?"

寓意

这则寓言原意是说,人的生命是很宝贵的,不要轻身逐物、追求富贵,就如不能用贵重的宝珠去弹射鸟雀那样。它告诉我们,一个人如果对于价值的轻重认识不清,很容易用贵重的东西去求取不值钱的东西而自己却浑然不知。所以,我们做事时一定要注意权衡轻重得失,不要以很大的代价去换取很小的成果。

太阳的比喻　　语出——《经进东坡文集事略》

释义

关于太阳的比喻。指通过间接了解并不一定能获得对事物全面而正确的认识。

故事

有一个生来就双目失明的人,他不知道太阳是什么样子,就去问眼睛好的人。有人告诉他说:"太阳的形状像个大铜盘。"

盲人回家敲打着铜盘,听到了它的声音。后来有一天,他听到了打钟的声音,以为这就是太阳了。

又有人告诉他说:"太阳发光,就像蜡烛一样。"

盲人摸摸蜡烛,知道了它的形状。后来有一天,他摸到一个形状像蜡烛的乐器龠(yuè),以为这就是太阳了。

太阳跟钟和龠相差得也太远了,可是盲人并不知道它们之间的区别,这是因为他从来就没看见过太阳,只是向别人打听得来的缘故呀。

寓意

这则寓言说明,认识来源于实践,实践是检验真理的唯一标准。这位盲人之所以闹出"扣盘扪烛"的笑话,就是因为他没有接触实际,缺乏对太阳的直接体验,而单靠别人对太阳的间接解说去判断,所以不能获得对太阳的全面而正确的认识。

螳臂当车　　语出——《庄子·人世间》

释义

螳螂举起前腿想挡住前进的车子。比喻不自量力,妄想做办不到的事情。

故事

有一次,齐庄王乘着马车,带着随从到郊外去打猎。这支浩浩荡荡的队伍马蹄嘚嘚、车轮滚滚、人声鼎沸,势不可挡地急速向前行进。

突然,有一只青色的小虫子横在大路中间,高高地举起两只前爪,气势汹汹、怒不可遏地向车队迎面扑过来。

齐庄王觉得眼前这番情景很滑稽,这么一只小小的虫子,怎么能抵挡得住飞速奔驰的马车呢? 他侧身问自己的车夫:"你看见没有,那是什么虫子? 怎么如此狂妄自大、不可一世? "

车夫耸了耸肩膀,回答道:"陛下没有听说过吗? 这就是螳螂呀! 这种虫子虽然个头不大,力气很小,可是却目空一切。它从来不估计一下自己有多大的力量,也不懂得掂量一下对方是强大还是弱小,总是一味地拼命进攻,企图把别人吓退。这正是它的可悲之处。陛下不是看到了吗? 它现在张牙舞爪地想挡住我们的去路哩! "

齐庄王听罢一言不发,若有所思。

一时间,庞大的车队早已隆隆地从大路上驰过,将那目空一切的螳螂碾了个粉碎。

A B C D E F G H I J K L M N O P Q R S T U V W X Y Z

寓意

很多事情，并不是我们想做就能做到的，我们要充分考虑到事情的难易程度，还要现实地考虑自己的能力是否能够胜任。用鸡蛋碰石头的事情千万不要去干，也不要心存侥幸心理以为放手一赌就可以让成功发生在自己身上。要懂得时刻警醒自己，正确认识自己。不要做一只小小的螳螂，自以为了不起，目空一切，这样是不会有好下场的。

螳螂捕蝉，黄雀在后　　语出——《庄子·山木》

释义

螳螂正要捉蝉，不知黄雀在它后面正要吃它。比喻人目光短浅，只顾眼前图利，而不知后患即至。

故事

春秋时期，吴国逐渐强大起来，可楚国是吴国的主要竞争对手，于是吴王萌发了派兵攻打楚国的念头。他怕别人动摇自己的决心，就对身边的大臣们说："这件事就这么决定了，军队先去作准备，谁要是敢提出反对意见，我就把他处死！"

大臣们面面相觑，谁也不敢吭声。有一个年轻的皇家侍卫官，想劝吴王放弃进攻楚国的打算，但又不敢直说，冥思苦想了几天，最后终于想出了一个办法。

吴王有早晨散步的习惯。于是每天早晨天一亮，这个侍卫官就拿着弹弓，到王宫的花园里转来转去，衣服被露水湿透了也毫不在乎。吴王一直注意了他好几天。第三天，正当侍卫官仰着脖子兴致勃勃地望着树梢时，吴王终于忍不住好奇心了，对他喊道："喂，你在干什么呢？衣服都湿成这样了。"

侍卫官忙向吴王行了礼，然后对他说道："陛下，您瞧，那棵树上有一只蝉，正在一边品尝着晨露，一边站在高高的树枝上唱歌，满足得不能再满足了；可是它却不知道有一只螳螂正在它的身后，已经弓起身子，举起前爪，正打算钳住它；可笑的是，螳螂也不知道有只黄雀正埋伏在它的头顶上，黄雀伸长脖子想把螳螂当成腹中的美餐，得意得不能再得意了；可怕的是，黄雀也不知道我正拿着弹弓，已经牢牢地瞄准了它！它们三个都犯了一个错误：那就是都只想着眼前的利益，而没考虑到隐藏在身后的危险啊！"

吴王听了恍然大悟，连声对侍卫官说道："你讲得很有道理！很有道理呀！"于是，吴王就把攻打楚国的计划搁下了。

寓意

这则寓言把逐利的后果与生死存亡连接到一起，这足以提醒人们：当你伸手争利时，一定要三思而行，不能只盯着眼前的利益而忽视了潜伏着的不利因素。它告诫我们：做事情必须瞻前顾后，考虑周全，才不会陷入危险或无法挽回的地步。

亡羊补牢　语出——《战国策·楚策四》

释义

羊丢失了,才修补羊圈。比喻在受到损失之后想办法补救,免得以后再受损失。亡:逃亡,丢失。牢:关牲畜的圈。

故事

战国时期,楚怀王因为不听屈原的忠告,沦为秦国的囚徒。怀王死后,他的儿子襄王即位,仍是一个不成器的国君。襄王丝毫未汲取父亲的惨痛教训,而是和怀王一样贪图享乐、重用权臣,对如狼似虎盯着楚国的秦王竟然无动于衷,毫无警惕之心。为此,大臣庄辛心中十分焦急。有一次,庄辛终于忍不住了,对襄王大声疾呼道:"大王,您整天和州侯、夏侯、鄢陵君、寿陵君四个小人在一起吃喝玩乐,不操心国家大事,照这样下去的话,只怕楚国的都城还能存在多久也快成问题了!"襄王哪里听得进去,大骂庄辛老糊涂,故意危言耸听。庄辛便说道:"既然您不愿听,就让我到赵国去,看我的话会不会变成现实。"

5个月之后,秦国果然出兵入侵楚国,接连占领了许多城池。最后,楚国的都城也沦陷了,襄王流亡到城阳,这才相信了庄辛的话。于是,襄王派人到赵国把庄辛请了回来,并恳切地对他说:"过去我没有听先生的话,结果落到这步田地,还请先生指条出路吧!"庄辛见襄王确有悔过之意,便给他讲了一个故事:

从前有个牧民养了一群羊,一天早晨他忽然发现少了一只羊。他围着羊圈转了一圈,发现原来是羊圈坏了个窟窿,夜间狼钻进羊圈,把

羊叼走了。邻居劝他说："赶快把羊圈修一修,堵上那个窟窿吧!"牧民气呼呼地说:"羊已经丢了,还修羊圈干什么?"第二天早上,羊圈里又少了一只羊,狼又重演了前一天的把戏。牧民这才后悔没有接受邻居的劝告,于是赶快堵上了那个窟窿,把羊圈修得结结实实的。从此,他的羊再也没有丢过。牧民感慨万分,逢人就说"丢羊补圈,不算太晚"的道理。

庄辛讲完故事,对襄王说:"牧人尚且知道亡羊补牢的道理,何况楚国还剩有几千里的国土。只要您肯改过自新,还怕治理不好国家吗?"

寓意

这则寓言说明,认识到错误,努力改过,也许还有补救。它告诉人们,要随时虚心听取别人的意见,要闻过则喜、知错就改;如果出了问题之后及时想办法补救,就可以防止继续遭受损失。

望洋兴叹　　语出——《庄子·秋水》

释义

指在伟大的事物面前感叹自己的渺小。现多比喻做事时因力不胜任或没有条件而感到无可奈何。

故事

庄子的想象力特别丰富。有一次,他跟弟子们讲了一个关于河神的故事:

秋雨绵绵,滂沱的雨水从山间、田野流入了小溪小河,又从无数条小溪小河汇入了黄河,黄河顿时变得特别宽阔,宽到生活在黄河两岸的农民,彼此都看不清对岸的牛群与马群。

河伯,也就是传说中的掌管黄河的神,他因此非常沾沾自喜,以为自己的力量是天下最了不起的。他心想这世界上还有什么东西能比自己更汹涌澎湃、更波澜壮阔、更气势磅礴呢?

河伯兴高采烈地顺着黄河的水流向东奔去,一直奔到了大海的身边。他放眼向大海望去,不禁大吃一惊:只见水连天,天连水,茫茫一片,碧海滔天,根本望不到大海的尽头。于是河伯感到惭愧万分,抬起头来,仰望着大海上空灿烂的太阳,感叹道:"常言说,'一桶水不响,半桶水晃叮当'。我从未见过大海。原以为自己很了不起,如今到了大海身边,才知道大海如此碧波万里,浩瀚无穷。我真是孤陋寡闻啊!"

寓意

沧海无边,蓝天无垠。站在大海的身边才能感受到那波澜壮阔、一望无际的浩瀚,仰望苍穹才能看到那无数的繁星、无法丈量的高度。

一个人的见识总是有限的,所以在空闲的时候,我们需要多结识一些朋友,聆听他们的言语,用各种知识充实自己的大脑。或回归自然,倾听小鸟的啼啾,俯瞰河水的轻淌,让满眼的绿色开在心里,逐渐蔓延。不要把自己关在小黑屋子里,成为一只井底之蛙。也不要让固执之见堵塞了头脑,成为一个见识浅薄的人。

吴王射狙(jū)

语出——《庄子·徐无鬼》

释义

指恃才傲物、骄傲自满的人不会有好的结局。狙：古书上说的一种猴子。

故事

吴王乘船在大江上游览，登上了江边的一座猴山。群猴见了，都惊慌地逃散了，躲进荆棘丛的深处。有一只猴子却洋洋得意地在树枝间跳来跳去，故意在吴王面前卖弄它的灵巧。吴王用箭射它，它敏捷地接住了射来的利箭。于是，吴王命令左右随从一齐射它。最后，那只猴子中箭抱树而死。

吴王回过头来对他的朋友颜不疑说："这只猴子呀，夸耀自己的灵巧，倚仗自己的敏捷来向我挑衅，以至于这样惨死了！要引以为戒呀！唉！千万不要用你的傲气对待他人啊！"

寓意

这则寓言给我们的启示是：如果有一点儿本领便骄傲自满，认为无人能胜过自己，这种无自知之明的态度是不可取的；恃才自傲、目空一切，是不会有好下场的。傲慢的态度不但阻碍自己进步，更容易惹来祸端，但改过自新也是值得称赞的。

五十步笑百步

语出——《孟子·梁惠王上》

释义

作战时后退了五十步的人讥笑后退了百步的人。比喻自己跟别人有同样的缺点错误,只是程度上轻一些,却毫无自知之明地去讥笑别人。

故事

有一次,孟子去到魏国去见国君梁惠王。惠王接待他时,问道:

"老人家,您不怕千里之远,来到我国,将怎样帮我国谋利呢?"

"大王,何必先要谈'利'呢?我们谈谈"仁义"怎么样?如果大王问我怎样为国谋利,您的官吏又问我怎样为他谋利,百姓再问我怎样为他个人谋利。这样,上上下下互相追逐私利,国家就危险啦!"孟子立即针锋相对地回答。

梁惠王听后没话说了,他请孟子在魏国住下,时常请他进宫来谈谈。一天,惠王说:

"老人家,寡人对国家大事,是很尽心尽力的。比如说吧,河内遭到了灾荒,寡人就把那里的老百姓迁移到河东去,再把河东的粮食运到河内去。河东如果遇到了灾荒,也是这样做。请问,这样可以说是尽心尽力了吧?"

孟子不答,默默地点头。

惠王又接着说下去:

"我留心观察邻近别的国家,他们的国君没有人能像寡人那样尽心尽力的。可是,邻国的百姓人口并不减少,而我国的百姓也不见得增多,这

是什么道理呢？"

孟子微微一笑，立即回答说：

"大王请允许我用作战来打比方。假如两军作战，一方抵挡不住，兵士们丢掉盔甲，拖着兵器向后逃走。其中，有些人一直逃了一百步，而有些人却只逃了五十步就停止下来了。"

孟子说到这里，问惠王："战斗结束，那些只退了五十步的人，讥笑退一百步的人为怯懦、怕死，大王以为如何呢？"

"那怎么可以！"惠王摇了摇头说，"他们虽然没有逃到一百步，但总还一样是逃啊！"

"大王知道了这一点，就不能因为大王在灾荒时迁移百姓运送粮食，便希望魏国的百姓比邻国多了！"就这样，孟子含蓄地告诉惠王，魏国与邻国君主的行动，不过是"五十步"与"一百步"的差距而已。

寓意

失败乃成功之母，做任何事情的时候都有可能面临错误和失败，但是，关键是每个人面对失败和错误时候的态度和方式。正确地面对错误会使你得到意料之外的收获，也许这些宝贵的经验教训是以后成功的必备要素，并能使你更快地达到目标。相反，如果无法正视自己的错误，反而只图心理安慰，嘲弄更不如自己的人，是永远无法进步的，那样只能在错误的怪圈中停步不前，反而离成功越来越远。

小吏烹鱼

语出——《孟子·万章上》

释义

指有人钻了空子、占了便宜却蒙混过关，未受到惩罚。

故事

从前有一天，有人把一条鲜活的大鱼送到郑国子产的府上，以表达对这位卿相的尊敬。可是豪门大户平时并不缺少一条鱼做菜，因此子产便叫一个小吏把鱼放进池塘里养起来。

相府池塘里的鱼虽然很多，但并不是一个小吏所能享用到的。这次小吏见鱼在自己手上，便悄悄拿回去煮着吃掉了。

事后，小吏报告子产说："我已经把那条鱼放进池塘里去了。您猜怎么着，那条鱼刚一入水，呆头呆脑的，连身子都稳不住。我想它是活不过来了。可是没过多久，那条鱼就缓过气来，甩了甩尾巴，一头钻进深水里去了。"子产听后高兴地说："好，好！这正是我们常说的'如鱼得水'啊！它找到合适的去处了！"

小吏见自己的谎话没有被识破，从子产那里出来后便很得意。他自言自语地说："人们都说子产很聪明，我看有点言过其实。鱼已经被我煮着吃掉了，他还以为正在池塘里游着，嘴上不住地说什么'找到合适的去处了'。难道这'合适的去处'竟是我的肚肠吗？哈哈！真有意思！"

所以说，君子可能会被看似合情合理的话欺骗，而不容易受不合情理的谎话蒙蔽。

寓意

这则寓言告诉人们这样两个道理:一是,谎言往往用一层合乎情理的伪装来掩饰,不能识破伪装者,注定要上当受骗;二是,做事如果不调查研究,偏听偏信,即使是聪明人,也免不了要犯错误,让别人钻空子。

小偷改错　语出——《孟子·滕文公下》

释义

指明知自己犯了错,却拖延不改。

故事

古代有这么一个人,每天都要偷邻居家的一只鸡。

有人劝告他说:"这不是正派人的做法。"

他听后回答说:"那我就减少一些吧,以后每月偷一只鸡。等到明年,我再也不偷了。"

可是,既然知道这样做不对,就应该马上改正,为什么还要等到明年呢?

寓意

这则寓言说明,一个人若知道自己犯了错,就应该马上彻底改正,不应该找各种理由文过饰非;如果只是减轻错误的程度,拖延不改,则无异于自欺欺人。

雄鸡与鸿雁

语出——西汉·刘向《新序》

释义

借指身边的人才和远来的人才。

故事

古时候有个叫田饶的人,他在鲁哀公身边做事已经有好几年了,可是鲁哀公并不了解他的远大志向,待他总是很一般。田饶因才智得不到施展,就决定离开鲁哀公到别的国家去。田饶对鲁哀公说:"我打算离开您,像鸿雁那样远走高飞。"

鲁哀公不明白田饶的意思,就问道:"你在这里不是很好吗?为什么要走呢?"

田饶说:"大王您经常见到那只雄鸡吧!您看它头上戴着大红的鸡冠,非常文雅;它双脚上长有锋利的爪子,十分英武;它面对敌人时毫不畏

惧,敢斗敢拼,格外勇敢;它看见食物时总是'咯咯'地叫着招呼同伴们一起享用,特别仁义;它还忠于职守,早起报时从不误事,极其守信。尽管雄鸡有这么多长处,可是大王您还是漫不经心地吩咐人把它煮着吃掉了。这是什么原因呢?因为雄鸡经常在您身边,您每天见惯了它,习以为常,它的光彩在您眼里便黯然失色,您就感觉不到它那些杰出的优点和才能了。而那鸿雁,从千里之外飞来,落在大王的水池边,啄吃大王池中的鱼鳖;它落在大王的田园里,毁坏大王的庄稼。鸿雁尽管没有雄鸡的那些长处,可是您依然很器重它。这又是为什么呢?因为鸿雁是从遥远的地方来的,大王您对它有一种神秘感,它的一切作为您都认为是非常伟大的。所以,请大王让我像鸿雁一样远走高飞吧!"

鲁哀公听后说道:"请你别走,我愿意把你说的这些话都记录下来。"

田饶说:"您以为我平淡无奇,并不觉得留下我有什么大用,即使写下我的话,也不会起什么作用。"于是,田饶就离开鲁国前往燕国了。

燕王让田饶做了相国,田饶从此有了机会施展自己治国安邦的本领。三年以后,田饶把燕国治理得井井有条,国内富足没有盗贼,边境安定。田饶因此名声大振,燕王也十分得意。

鲁哀公知道了这些情况后万分感叹,对当年没能留下田饶感到追悔莫及。为此,他一个人独居三个月,深刻反省,并降低了自己的衣食标准,以示自责。鲁哀公发自内心地感叹道:"以前由于我不能知人善任,才使得田饶离我而去,以致造成今天的悔恨。真希望田饶能再回到我的身边,可是,我知道已经很难了。"

寓意

这则寓言用雄鸡和鸿雁作为例子,讲述了选用人才的一个道理。有的人总以为"远来的和尚会念经",不惜舍近求远去找"人才",而对自己

身边的人才却视而不见。这样的人,对容易得到的不知珍惜,眼睛总是看着那些不容易得到的,似乎他们很重视人才,其实他们根本不懂什么才是人才,也不知怎样才叫爱惜人才。这则寓言告诉我们,要善于发现身边的人的优点和才能,并珍惜、善待身边的能人志士,不要因为他们常伴左右而忽视他们,更不要因为重视新来的人才而忽略原来的人才。

薛谭学讴   语出——《列子·汤问》

释义

说明艺无止境,若浅尝辄止,不会有任何成就。讴:歌唱。

故事

战国时期,秦国有个著名的歌唱家,名叫秦青,很有声乐造诣。有一次,一个名叫薛谭的青年要拜他为师。见这小伙子态度恳切,喜爱唱歌,嗓音也不错,秦青就破例把他收下了。

秦青教得很认真,薛谭学得也很刻苦。一年后,薛谭的唱歌水平有了很大提高,凡是听到他唱歌的人都赞不绝口。薛谭自以为把老师的本领都学到手了,有一天就对秦青说:“老师,我来您这里学艺不知不觉一年多了,明天我想回去了,您看行吗? ”

秦青本来很喜欢这个既刻苦又有灵气的小伙子,很想让他进一步深

造,可听他这么一说,知道他自己觉得满足了,也就没有执意挽留。

第二天,秦青在郊外准备好了酒菜,为薛谭送行。在饮酒话别的时候,秦青打着拍子,唱了一支非常悲壮的歌曲。那歌声高亢洪亮,旋律激扬回荡,响彻群山层林,直冲云霄,连天空中匆匆飘来的白云,都被阻挡住而静止不动了,仿佛也陶醉在这感人的歌声里了。

薛谭听得十分入迷,心中感到非常惭愧。最后,他终于鼓起勇气对秦青说:"老师,我原以为跟您学得差不多了,现在才知道自己还差得很远。请您原谅我的自满和浅薄,继续收我做您的学生吧!"

秦青十分高兴薛谭能醒悟过来,就把他又留下了,比以往更加悉心地指导他。后来,薛谭终于成为一个著名的歌唱家。

寓意

这则寓言告诉人们,要学好一门技艺,一定要按照准则严格学习。先要练好基本功,打好基础,然后再循序渐进、逐步深入地学习,只有这样才能掌握其规律,领悟到其中的奥妙。同时,这则寓言也告诫人们,学习任何技艺都要有毅力、有耐心,要坚持不懈、持之以恒地勤学苦练,否则就很难取得成功。

揠（yà）苗助长

语出——《孟子·公孙丑上》

释义

把苗拔起，以助其生长。比喻违反事物发展的客观规律，急于求成，反而把事情弄糟。揠：拔。

故事

很久以前，有个宋国人种了一片田，他耕地、播种，一天到晚辛辛苦苦，从不偷闲，干得十分卖力。他日日夜夜盼望着田里的禾苗能长得快些，好早点收获。可是，一天，两天，三天……禾苗好像一点儿也没有长高。这个宋国人是个急性子，见禾苗总不见长，就有些不耐烦了。

一天，这个宋国人锄完了田里的草，蹲在田边看着嫩绿幼小的禾苗，嘀咕道："怎么这么多天也没长高多少呢？"他冥思苦想，如何才能让禾苗长得快一些呢？想着想着，他忽然灵机一动："我要是把禾苗从土里拔高一些，帮着它长快，不就行了吗？"

于是，他兴奋地开始了这项工作。他下到田里，把禾苗一颗一颗地往高拔，一直干到天黑才回家。

他回到家里时已经筋疲力尽，累得连腰都直不起来了。于是他一边喘气一边说："可把我给累坏了！辛辛苦苦地干了一整天。不过力气总算没有白费，田里的禾苗都长高了好大一截！"

他的儿子不明白是怎么回事，第二天跑到田里去看，发现禾苗都已经枯死了。

寓意

这则寓言揭示了一个深刻的道理:客观规律是不以人们的意志为转移的,如果违反事物的发展规律,强求速成,结果只能把事情弄糟。所以,在日常生活和学习中,我们一定要遵循客观规律,不可单凭主观臆想办事,不可任性而为。

燕人还国　语出——《列子·周穆王》

释义

指当悲痛强烈刺激过后,人的心理反应会越来越小。

故事

从前,有个燕人在燕国出生,却在楚国长大,到了老年时才返回本国去。

经过晋国时,同伴故意欺哄他,指着城郭对他说:"这就是燕国的城郭。"听了这话,他顿时脸色愁惨。过了一会儿,同伴又指着路边的社庙说:"这就是你乡里的社庙。"他见了不由得长吁短叹。同伴见他相信了,后来又指着一座房屋说:"这就是你祖先的房舍。"他听后便泪如雨下,小声哭泣起来。最后,同伴又指着一个坟堆开玩笑地说:"这就是你祖先的墓葬。"这时,他再也无法克制激动的心情,放声大哭起来。

同伴见状哈哈大笑,对他说:"我刚才骗了你,这里是晋国呀!"燕人一听,自觉羞愧万分,急忙止住了哭声。

等到真正回到了燕国,真的见到了燕国的城郭、社庙,见到了祖先的房舍、墓葬,燕人的悲伤之情反而很淡薄了。

寓意

这则寓言告诉我们:感情是在人们互相理解、互相信赖的基础上逐渐产生的,来不得半点虚假。有些感情,如赤子之情,是很深沉、很长久的,更是假装不得。当悲痛强烈刺激过后,人的心理反应就会越来越小。这则寓言说明凡事预则立,打了预防针,就能够抵御真正的灾难和痛苦。

掩耳盗铃　　语出——《吕氏春秋·自知》

释义

比喻自己欺骗自己,明明掩盖不了的事情偏要设法掩盖。铃:本作"钟"。

故事

春秋时期,有个贪心而又愚蠢的人,自己不愿劳动,却整天窥视着别

人的财物，见什么爱什么，总要想办法弄到手才心安。

有一天，他听说晋国的智伯灭掉了范氏，便急忙赶到范氏家去，想趁乱捞点油水。谁知范氏家所有值钱的东西都已被洗劫一空，他十分懊恼，后悔不该白跑这一趟。

突然，他发现院中柴堆里露出一片亮光。他走过去，扒开横七竖八的柴火一看，原来是一口大钟！他审视了一番，断定这大钟是用上等的黄铜做成的，不禁喜出望外。他迫不及待地去背钟，可是那钟又高又大，沉甸甸的，不要说背了，就连移动一下都不可能。眼看快到手的东西不能占为己有，他急得团团乱转，搓着手在院子里踱来踱去。

就在这时，他忽然看见院墙角有一把大铁锤，心中顿时有了主意。他高兴地自语道："真是天助我呀！"他忙不迭地抢起铁锤，狠狠地朝那口大钟砸下去，想把大钟砸成若干个碎块，然后再用麻袋装回去。可是，大钟发出的巨响把他吓了一大跳，并且，那"嗡嗡嗡"的余音久久地在院子上空回荡，把他的耳朵都要震聋了。他很害怕别人听见了钟声会跑来抢他的钟，就赶快用双手紧紧捂住了自己的耳朵。

"咦？钟声变小了，听不见了！"他高兴起来，自言自语道，"好极了！把耳朵捂住不就听不见钟声了吗！"他以为自己听不见，别人也一定听不见，于是就放心大胆地砸起钟来。每砸完一下，他就赶紧用双手捂住自己的耳朵，待钟声响过后，再松开手接着砸。可是，一阵一阵的钟声还是传到了很远的地方。人们听到钟声蜂拥而至，把他捉住了。

寓意

这则寓言告诉我们，如果做错事自己假装不知道，就如同捂着耳朵偷钟，自己欺骗自己。它告诫人们，要尊重客观事实，否则，以自欺欺人的手法办事，其结果只能是自己欺骗自己，搬起石头砸自己的脚。

疑邻窃斧　语出——《列子·说符》

释义

怀疑邻居偷他的斧头。指不经过调查且没有事实根据,对人对事胡乱猜疑。

故事

很久以前,在一个偏僻的小山村里住着一个十分古怪的人。这个人什么都好,就是特别爱怀疑别人。

一天,他像往常一样早早地起了床,上山砍柴去了。那天天气很好,不冷不热,阳光灿烂,蓝蓝的天上飘着大朵大朵的白云,他的心情也像天气一样好。他砍了很多很多的柴,直到太阳快要落山才回家。回到家吃过饭,他正准备上床睡觉,忽然想起今天砍了那么多柴,斧头一定钝了,如果不把斧头磨一磨,明天就没法砍柴了。想到这里,他立刻去找斧头,可是却发现斧头不见了。这下可把他急坏了。他们家世世代代以砍柴为生,这把斧头还是他父亲传给他的。多年来他每天都用这把斧头砍柴,现在斧头突然不见了,叫他怎么能不着急? 想来想去,他怎么也想不起来斧头是怎么丢的。最后,他觉得斧头肯定是被人偷走了。他想起邻居家的儿子曾当面夸奖过他的斧头,今天上山砍柴时他也碰见了那人。因此,他认为偷斧头的就是邻居的儿子。

从那天起,他就开始密切注意邻居的儿子。邻居的儿子在街上遇到他没有和他打招呼,他认为是那人做贼心虚;邻居的儿子柴砍得多,他认为一定是用了他的斧头;邻居家传来磨铁器的声音,他觉得一定是邻居家

的儿子在偷偷地磨他的斧头。总之,他觉得邻居家的儿子一举一动都像一个偷东西的人。

不久后的一天,他在翻动家中的谷物时发现了一把斧子。他弯腰拣起来仔细一看,原来正是自己丢失的那把斧头。

第二天,他又碰到了邻居家的儿子,就觉得那人一点儿也不像一个会偷东西的人了。

寓意

这则寓言说明,主观成见是认识客观真理的障碍。当人以成见去观察世界时,必然会歪曲客观事物的原貌;若要正确认识客观事物,必须面对客观事实,抛开任何偏见,从实际出发,这样才能获得满意的结果。这则寓言告诫我们,在日常生活和学习中,如果没有经过调查,没有事实根据,就不要对人对事胡乱猜疑,以免造成不必要的误会或影响。

以羊易牛
语出——《孟子·梁惠王上》

释义

用羊来替换牛。比喻用这个代替另一个。易:更换,替换。

故事

战国时期,齐宣王问孟子说:"齐桓公、晋文公在春秋时代称霸的事迹,你可以讲给我听听吗?"孟子回答说:"孔子的学生们没有谈起过齐桓公、晋文公的事迹,这些事迹没有传到后代来,我也没有听说过。那么,我只好讲讲用仁德的力量来统一天下的'王道',您说可以吧?"

齐宣王问道:"德行需要达到什么样的标准才能够统一天下呢?"

孟子说:"什么事都要替老百姓着想。这样去统一天下,就没有人能够阻挡了。"

齐宣王说:"像我这样的人,能够做到全心全意为老百姓服务吗?"

孟子说:"完全可以做到。"

齐宣王追问道:"你根据什么来断定我能够做到呢?"

孟子说:"您的近臣胡龁曾告诉我一件事:宣王您坐在大殿上,有人牵牛从殿堂下经过,您看见后问道:'把牛牵到哪儿去呢?'牵牛的人回答说:'准备把牛杀了,用牛血涂抹那鼎新钟的缝隙,以做祭祀之用。'当时您就说:'把这头牛放了吧!我实在不忍心目睹它战战兢兢、十分害怕的样子,它毫无罪过却要被杀死。'牵牛的人问道:'那么,祭钟的仪式也要废除吗?'您回答说:'怎么能够废除呢?用羊来代替牛吧!'我不知是否真有这件事。"

齐宣王回答道:"确有此事。"

孟子说:"您有这样仁慈的心,完全可以统一天下了。老百姓都认为您主张用羊代替牛是出于吝啬,但我知道您是于心不忍。"

齐宣王说:"是的,的确有些老百姓这样看。齐国虽然不大,可是我怎么会舍不得一头牛呢?我是不忍心目睹牛那种害怕、战栗的样子,毫无罪过就被杀掉,因此才用羊来代替它。"

孟子说:"老百姓认为您吝啬,您也不要感到奇怪。因为羊小牛大,用

小的换大的,老百姓当然会有那种想法。他们怎么会体会到您的深刻思想呢? 可是,不知您想过没有,如果可怜牛毫无罪过就被杀掉,用羊代替它,那么宰牛和宰羊又有什么区别呢?"

齐宣王笑了,说道:"噢,我也弄不清楚自己是怎么想的。但是我以羊换牛,的确不是出于吝啬。经你这么一说,我感到老百姓认为我吝啬的说法,的确有一定的道理。"

孟子说:"这没有什么关系! 您这种'不忍'之心,正是仁爱的表现。问题在于,您只看到了牛,而没有看到羊。对待飞禽走兽,具有德行的人看见它们活着,就不忍心看到它们死去;听到了它们的悲号哀叫,就不忍心吃它们的肉。因此,君子从来不愿意接近厨房。"

齐宣王听了孟子这番话,觉得很有道理,于是会心地笑了。

寓意

这则寓言说明了这样一个道理:杀牛和杀羊都是屠杀生命,对牛的怜悯与对羊的残忍在本质上是一样的,都不能算是仁慈。齐宣王"以羊易牛"只不过是骗人的把戏,并非真正的仁慈。

引婴投江 语出——《吕氏春秋·察今》

释义

由于婴儿的父亲善于游泳,就将这个婴儿扔到江中。讽刺头脑僵化、不问实际情况的人。引:拉,牵挽,此为"抱着"之意。

故事

从前,有一个人从江边经过,看见一个人正抱着一个婴儿要往江中扔下去,婴儿大声啼哭着。这个人见了十分着急,奇怪地问:"你为什么这么做? 这不要出人命吗? " 那个人回答说:"这个孩子的父亲非常善于游泳。"

他的父亲虽然善于游泳,他难道就一定善于游泳吗? 用这种方法来处理事情,也一定是十分荒谬的。

寓意

这则寓言嘲笑了那些头脑僵化、不问实际情况的人。它告诉我们:一、本领的获得要靠自己,而不能靠先天的遗传;二、处理事情要从实际出发,对象不同或事物环境不同,处理问题的方法、手段也要随之改变,否则就会酿成大祸。

永某氏之鼠

语出——唐·柳宗元《柳河东集·三戒》

释义

比喻凭借时势而猖狂一时的恶人。

故事

永州有一个人，很怕犯忌日，所以讲究禁忌特别厉害。他出生那一年正当子年，而老鼠又是子年之神，因此他就很喜欢老鼠。他不养猫狗，并禁止童仆捕打老鼠，家里的粮仓、厨房也都任凭老鼠糟蹋。于是，老鼠奔走相告，都来到这个人的家里，饱食终日却平安无事。结果弄得这个人的家里没有一样好的家具，衣架上没有一件完好的衣服，喝的吃的大都是被老鼠糟蹋过的东西。老鼠在白天成群结队地与人一道行走，到晚上就撕咬东西，打架吵闹，发出各种各样的声音，吵闹得人无法入睡。可是这个人却始终不感到厌烦。

几年后，这个人迁移到了别的州郡。后来有人住了他的房子，老鼠还像过去那样胡作非为。新搬来的人说："这是一些钻在阴暗角落里害人的东西，偷窃捣乱最为厉害，为什么现在猖狂到了这种地步呢？"于是，这个新搬来的人从别人家借来五六只猫，关住门，揭开房上的瓦片，用水灌老鼠，并且出钱雇人来搜捕老鼠。打死的老鼠堆起来像一座小山，扔到偏僻无人的地方，臭味过了好几个月才消散。

唉！那些老鼠还以为饱食终日、平安无事的好日子能够保持长久呢！

寓意

这则寓言告诫人们,对待恶人不能养痈成患、姑息养奸,更不能为他们大开方便之门,而应当坚决、彻底地与之划清界限。它也告诉我们,某些恶人凭借时势而猖狂一时,但迟早会被消灭干净的。

虞庆为屋 语出——《韩非子·外储说左上》

释义

用来形容不听他人劝告,一意孤行而导致失败的结果。

故事

虞庆打算造一所房子,就请了一个高明的木匠。木匠对他说:"不行啊!木材还没干,如果把泥抹上去,一定会被压弯。用新砍下来的湿木料盖房子,刚盖成虽然看起来很牢固,可是过些日子就会倒塌。"

虞庆听后理直气壮地说:"照你的话来说,我这房子肯定坏不了。因为木材干了就会直,泥干了就会轻。现在把房子盖好,它自己会日渐干燥,木材会日渐变轻变直,就是时间再长也不会坏的。"

木匠听了无话可说,只得按照他的吩咐去做。后来,房子盖成了,看起来也还不错。可是没过多久,房子果然倒塌了。

寓意

这则寓言说明任何事情的成功都需要具备一定的条件,应把握好合适的时机,千万不可操之过急。同时它也说明,不要过分注重已有的经验,如果仅凭自己的主观臆想一意孤行、不听他人的劝告,一定会受到惩罚或遭受失败。

愚公移山　语出——《列子·汤问》

释义

比喻不怕困难、坚忍不拔的精神或毅力顽强、坚持不懈的人。也比喻做事有毅力,有恒心,不怕困难。

故事

古时候,在冀州的南部、河阳的北部有两座大山,一座叫太行山,一座叫王屋山。两座大山方圆七百多里,高一万多丈,小鸟从上面飞过都要累得气喘吁吁的。两座大山险峻雄伟,山上古树参天,郁郁葱葱,远远望去非常好看。但这两座大山处在南北交通的要道上,隔断了道路,南北往来的商人、旅客只好绕路而行,非常不方便。

北山脚下有个叫愚公的人,年纪快九十岁了。他家世世代代都住在

这里,出门的道路也被两座大山隔断,要想去山的另一边做事,都得绕几百里路。他们就这样日复一日,年复一年地生活着。

有一天,愚公想:"我没有几天活头了,我死后,难道我的子孙也要受这两座大山的欺负吗?"于是,他把孩子们召集到一起,说:"我和你们尽最大的努力去挖平这两座大山,让咱们家门前的道路一直通到南方很远的地方,好不好?"大家对这个建议都表示赞成。

愚公的妻子提出疑问说:"凭着咱们的一点点力量,连魁父这样的小山都挖不平,还说什么太行和王屋两座大山?还有,你挖下的泥块、石头往哪里运呢?如果不及时运走,不等于又堆起了一座山吗?"大家纷纷说:"把土石扔到渤海的边上,隐土的北面。"

于是,愚公率领妻子、子孙先制造了许多挖山运土的工具,然后开始挖山。愚公一家人真正能够干活的只有愚公和他的一个儿子、一个孙子,祖孙三代一齐动手,挖土的挖土,搬石头的搬石头,干得十分卖力。他们把石头和泥土装进筐里,放到车上拉到隐土和渤海倒掉。邻居有个寡妇的小儿子,蹦蹦跳跳地也去帮助愚公他们。从冬天到夏天,他们才往返一次。

河曲有一个名叫智叟的老头,听说了愚公挖山的事,忙跑来笑着阻止说:"老朋友,你真糊涂啊!像你这样大的年纪,还能活几天?你把老命拼上也不能动山的一根毫毛,更不要说再搬动这么多的石头和泥土了。要我说,你还是在家里享几天清福吧!"

北山的愚公听了,不禁长长地叹息道:"别人都说你是个聪明的人,没想到你这么愚笨,连寡妇和小孩都不如。我虽然活不了几天了,但我还有儿子,儿子又会有孙子,孙子又会有儿子,儿子又会有儿子,儿子又会有孙子,子子孙孙无穷无尽,可太行山和王屋山的高度不会增加,这样总有一天大山会被挖平的。"河曲的智叟听了无言以对。

愚公一家人天天挖山的响动惊动了这两座山的山神。它们怕愚公真

的这样日复一日、年复一年地挖下去,两座大山终有被挖平的一天,就跑到天上把这件事告诉了天帝。天帝听说后,被愚公的这种虔诚和毅力所感动,就派两个天神把这两座大山背走了,一座放在朔州的东部,一座放在雍州的南部。从此以后,冀州的南部,汉水的南面,再也没有突起的高山阻断了。

寓意

这则寓言说明了人定胜天的道理。愚公不愚,智叟不智。只要大家同心协力,艰苦奋斗,持之以恒,任何困难都可以克服,一切人间奇迹都可以创造出来。

鹬蚌(yù bàng)相争 语出——《战国策·燕策二》

释义

比喻双方相持不下,两败俱伤,而使第三者从中得利。

故事

在一个雨过天晴、风和日丽的下午,一只河蚌被荡漾的河水轻轻地推到了岸边的河滩上。河蚌在温暖的阳光照耀下,觉得非常舒服,于是就张

开壳,在河滩上尽情享受晒太阳的惬意。

过了一会儿,一只毛色暗淡、有两条长腿和一只细细的长嘴的鹬鸟从河蚌的身边经过,看见河蚌张着壳,不禁大喜,心想:"瞧这只河蚌有多蠢,在这儿张着壳等我来吃它的肉呢!"于是,它立即跑了过去,伸嘴就要啄河蚌的肉。

河蚌不禁大吃一惊,连忙把张开的壳上下一合,把鹬鸟的嘴紧紧地夹住了。这一下,鹬鸟吃不到蚌肉了,同时,嘴也拔不出来了。

鹬鸟用尽了力气,把头使劲往后仰,想把嘴拔出来;河蚌也狠狠地用力把壳夹紧,生怕一松开就被鹬鸟吃掉。就这样,河蚌回不到河里,鹬鸟也无法走开。

鹬鸟和河蚌僵持了很久,然后它们开始争吵起来。鹬鸟瓮声瓮气地说:"哼,反正刚刚下过雨,最近大概是不会再下雨了,没有了水,用不了一两天,你自己就会死的!"

河蚌也瓮声瓮气地说:"你别得意,我就是死也不会松嘴放过你的!你的嘴拔不出来,一两天之后,饿也要饿死了!"

它们俩谁也不肯让谁一步,正吵得不可开交时,恰好有个打鱼的人从那里经过,看见这个情景,就乐呵呵地把它们一齐捉回家去了。

这么一来,河蚌和鹬鸟都成了渔人盘中的美餐了!

寓意

这则寓言说明,在强大的敌人面前,内部矛盾让位于敌我矛盾,矛盾的双方如果一味地意气用事、各不相让,都以为自己会取得胜利,结果是两败俱伤,让第三者捞到了好处。正确的处理方法是:只有相互克制、忍让,求同存异,一致对外,才能保全自己、克敌制胜。

乐羊的"忠心"

语出——西汉·刘向《说苑·贵德》

释义

比喻一味追求功名利禄，无情无义的人。

故事

乐羊本是中山国的人，后来投奔了魏国。为了表示对魏王的忠心，乐羊主动率领魏国的军队去攻打自己的故国——中山国。

中山国是一个很弱小的国家，哪里抵挡得了魏国的进攻呢。当时，乐羊的儿子还留在中山国。中山国的人在魏国的猛烈进攻下，无计可施，君臣经过一番商议，决定以乐羊的儿子做人质来要挟乐羊退兵。中山国的人把乐羊的儿子绑起来吊在城楼上，威胁乐羊。谁知乐羊全然不顾吊在城楼上的可怜巴巴的儿子，反而更加猛烈地攻城。

中山国的将士们都十分生气，没想到乐羊原来是这样一个无情无义的人。于是，他们就把乐羊的儿子杀了。中山国的人将乐羊的儿子烹煮成肉羹，派人送给乐羊吃。

不料，乐羊竟毫不动容，没有一点儿怜子之心，也不见一丝悲伤之情，反而将用儿子的血肉做成的羹汤吃了个干净。然后，他率领魏军向中山国发起了猛烈的进攻。由于乐羊攻城态度坚决，不拿下中山国决不罢休，经过几番激战，中山国终于被乐羊所灭。

战争结束，魏国的疆域又开拓了一大片，乐羊为魏王立了大功。庆功会上，魏王给了乐羊很重的奖赏。事后，魏王便冷落了乐羊，不再信任他了。

有人对此很不理解，就问魏王："乐羊为大王立了这么大的功劳，您为

何如此疏远他呢？"

魏王摇摇头说："乐羊是一个为了向上爬而可以背叛一切的人。他连自己的故国、儿子都毫不顾惜，除了自己，他还会对谁忠诚呢？我怎么可以去亲近、信任这样一个危险的人呢？"

寓意

在这个故事中，乐羊为了获得功名利禄，竟然不惜以自己儿子的生命和故国的利益为代价，但他最终还是被魏王冷落了。这则寓言告诉我们，做人要忠诚、善良，要忠于自己的国家，爱护自己的亲朋，不可为了一己私利而背叛国家、抛却亲人、出卖友人，不可冷酷无情，否则便会遭到世人的唾弃。

运斤成风　语出——《庄子·徐无鬼》

释义

斧子抡起来带出了一股风，极言挥斧时的迅猛。比喻手法熟练，技艺高超。斤：斧子。

故事

战国时，有一个叫惠施的人，是当时一位有名的哲学家。他和庄子是好朋友，但在哲学上又是观点不同的对手。庄子与惠施经常在一起切磋学

问。他们在互相争论研讨中不断提高各自的学识。特别是庄子,从惠施那里受到很多启发。后来惠施死了,庄子再也找不到像他那样才智过人、博古通今,能与自己交心、驳难,使自己受益匪浅的朋友了,他感到十分痛惜。

　　一天,庄子给一个朋友送葬,路过惠施的墓地,伤感之情油然而生。为了缅怀这位曲高和寡、不同凡响的朋友,他回过头去给同行的人讲了一个故事:在楚国都城郢地,有一个手艺高超的泥水匠。有一次,他在自己的鼻尖上涂抹了一层像苍蝇翅膀一样又薄又小的白灰,然后请自己的朋友,一位名叫石的木匠用斧头将鼻尖上的白灰砍下来。那个木匠点头答应了。只见他毫不犹豫地飞快抡起斧头,一阵风似的向前挥去,一眨眼工夫就削掉了泥水匠鼻尖上的白灰。看起来,那个木匠挥斧好像十分随意,但他却丝毫没有伤着泥水匠的鼻子;泥水匠也稳稳当当地站在那里,面不改色心不跳,泰然自若,倒是让旁边的人为他捏了一把冷汗。

　　后来,这件事被宋元君知道了。宋元君十分佩服这位木匠的高超技艺,便派人把他找了来。宋元君对那个木匠说:"你能不能再表演一次给我看看呢?"

　　那个木匠摇摇头说:"小人的确曾经为朋友用斧头砍削过鼻尖上的白灰。但是现在不行了,因为我的这位好朋友已不在人世了,我再也找不到像他那样跟我配合默契的人了。"

　　庄子讲完了故事,十分伤感地看着惠施的坟墓,长叹了一口气,然后自言自语地说:"自从惠施先生去世以后,我也失去了与我配合默契的人。直到现在,我再也没有找到一位与我进行辩论的人了!"

寓意

　　这则寓言启示我们:一个人的智慧或技艺的施展是需要一定的外部条件的,条件不具备,再大的才能也可能是英雄无用武之地。

曾子杀彘(zhì)

语出——《韩非子·外储说左上》

释义

曾子杀猪。比喻教育子女要以身作则。彘：猪。

故事

曾子是个非常讲信义的人，从来不撒谎。他有个四五岁大的孩子，正是顽皮的年龄，有的时候很淘气。

有一天，曾子的妻子要到集市上去，儿子就想跟着她一起去。曾子的妻子怕集市上人太多，买东西的时候不注意会把孩子丢了，就不肯带他去。孩子见母亲不同意带他一起去，就又哭又闹，拉着母亲的衣襟不肯放手。曾子的妻子没有办法，就哄孩子说："乖孩子，你不要闹，好好在家里待着，等妈妈从集市上回来就杀猪给你吃。"孩子听了这句话，才慢慢安静下来，不再闹了。

曾子的妻子从集市上回来，看见曾子正在磨刀，孩子站在旁边看着，一脸的兴奋。她急忙问曾子："你在干什么？"

曾子说："把刀磨一磨，好杀猪啊！"

妻子阻止说："你还真要杀猪啊？我只是为了哄哄孩子，骗骗他嘛！"

曾子抬起头看着妻子说："对小孩子怎么可以说谎话呢？孩子的一举一动都是跟自己的父母学的，你如果哄骗孩子，不就是让他学着撒谎吗？这样教育出来的孩子，肯定好不到哪儿去！"

妻子觉得丈夫说得很有道理，十分懊悔自己不该哄骗孩子，于是帮着丈夫把猪杀了。

寓意

这则寓言说明了言传身教、言而有信的重要性。它告诉为人父母者，教育子女一定要以身作则、言而有信，不可忽视细小的影响。

朝三暮四　　语出——《庄子·齐物论》

释义

原指愚弄欺骗的手法，后多用以比喻反复无常，变来变去。

故事

古时候，有个人特别喜欢养猴子。他觉得猴子这种动物眼睛大大的、圆圆的，长得可爱，又非常聪明，所以他特别喜欢。

日子一天天地过去，养猴人和他所养猴子的关系越来越好了。众猴子非常懂得主人的脾气，主人高兴了，它们就围在主人身边又跳又叫；主人忧愁了，它们就一动不动地守在主人旁边瞪着圆溜溜的大眼睛看着主人。养猴人对猴子也很好，定期给它们洗澡、抓虱子，还在自家的院子里给它们盖了一间棚子。

后来猴子越来越多，吃的也越来越多。养猴人家里并不富裕，但为了让猴子吃饱，他就省下他和妻子、孩子的粮食喂猴子。刚开始还可以应对，

但过了几天猴子又不够吃了。养猴人只得咬咬牙又把自己家人吃的粮食减少了一些，但猴子还是不够吃。

养猴人没有办法，便打算减少供给猴子的食物量。他知道猴子都很聪明，如果直截了当地对猴子说，猴子肯定不干。于是，他想出了一个方法。

养猴人对猴子们说："我每天早上给你们3个橡子吃，晚上给你们4个橡子吃，好不好？"

猴子们一听，脑袋摇来摇去，叽里呱啦一通乱叫，表示对主人的不满。

过了一会儿，养猴人又对猴子们说："早上给你们4个橡子吃，晚上给你们3个橡子吃，你们够不够吃？"

猴子们一听，主人把早上的橡子增加了一个，认为主人增加了饭量，就都趴在地上，表示很满意。

寓意

这则寓言给我们的启示是：要善于透过现象看清本质，因为不论形式有多少种，本质只有一种。

真假《圣教序》

语出——南宋·王明清《玉照新志》

释义

指势利小人为了巴结、奉承权贵之人而颠倒黑白、歪曲事实。

故事

宋代有位学者名叫石才叔，写得一手好文章。他平时博览群书，见多识广，并且收藏了许多图书的古迹珍品。

当时，文彦博在长安做统兵官，听说石才叔家收藏着唐代著名书法家褚遂良的亲笔字帖《圣教序》，于是就亲自到石才叔家请求借回一阅。石才叔欣然答应，将那份珍贵的字帖借给了文彦博。

文彦博高兴地将字帖拿回家中，反复地欣赏揣摩。他看了又看，简直爱不释手，便索性叫家里的弟子临摹了一本。

这一天，文彦博设宴招待幕僚、部下和几个朋友。大家饮酒聊天，高谈阔论，兴致很浓。文彦博叫家中人拿出两本《圣教序》字帖，上面都有作者姓名。他让客人们都来辨认这两本《圣教序》字帖的真假。那些客人们个个伸出大拇指，极力吹嘘文彦博的临摹本是真的，是如何如何的珍贵，反而指着石才叔收藏的原本说是假的。

当时石才叔也在座，见此情景，他不说一句争辩的话，只是笑着对文彦博说："今天，我才认识到自己地位的低下。"

文彦博听了这话哈哈大笑起来，席上的客人们个个满面通红，羞愧不已。

ABCDEFGHIJKLMNOPQRSTUVWXYZ

寓意

这则寓言极为生动地讽刺了那些势利的客人,这些人不管什么是真理、什么是诚实,只知道趋炎附势、阿谀奉承,实在令人不耻。它告诉我们,要做坚持真理、实事求是的人,而不要做巴结、奉承权贵之人的势利小人。

争先恐后　　语出——《韩非子·喻老》

释义

抢着向前,唯恐落后。

故事

赵襄王向王子期学习驾车,学习不久之后和王子期比赛。比赛时,赵襄王换了三次马,三次都落后了。

赵襄王便对王子期说:"你教我驾车,没有把真本事全传给我。"

王子期回答说:"本事都教给您了呀,但您使用得不对啊!大凡驾车特别注重的是,要使马套在车辕里很舒适,人的心意要跟马的动作协调,这样才可以加快速度、达到目的。现在您在落后时就一心想追上我,跑在前面时又怕我赶上。其实驾车赛跑这件事,不是跑在前面就是落在后面,而您不管是跑在前面还是落在后面,总是把心思放在和我比输赢上,这样

怎么能有心思去调马呢？这就是您为什么会落后的原因了。"

赵襄王听了，觉得很有道理。他从驾车联想到，做任何事情都要把精力集中在所做的事情上，否则就难以成功。

寓意

这则寓言故事告诫人们，不论做什么事情，如果不专心致志，不集中精力，而只考虑个人的利害得失，最终只会事与愿违，很难取得成功。

郑人买履　语出——《韩非子·外储说左上》

释义

用来讽刺只信教条，不顾实际的人。

故事

郑国有一个人想买一双鞋子，去集市之前，他特地用一根麦秸量了脚的尺寸，然后就高高兴兴地出了家门。

集市上人来车往、熙熙攘攘，郑人好不容易才穿过人群来到鞋铺里。他对卖鞋的伙计喊道："喂，我要买鞋！"

鞋铺伙计用眼睛扫了扫郑人的脚，拿起一双鞋递过去。郑人接过鞋

后,就往怀里掏麦秸,想把鞋子的大小量一量。但是,他东摸摸西摸摸,什么也没有摸到。

那个伙计很奇怪,就问他:"你把什么弄丢了?"

郑人也不回答,只是一个劲儿地在身上找麦秸,脸都急红了。忽然,他一拍脑袋,对伙计说:"哎呀,我把鞋的尺码忘在家里了!等我回去把尺码拿来再买。"说罢,他就忙不迭地向家里跑去。

郑人回家后,果然在床上找到了那根用来量尺码的麦秸。他拿上那根麦秸便又匆匆地朝鞋铺赶去,可是集市已经散了,鞋铺也关门了。他白白地跑了一天的路,累得气喘吁吁、汗流浃背,却还是没有买到鞋子。

路上有个行人看见郑人站在那里发愣,就停下来问他出了什么事。郑人就把事情的经过说了一遍。那个行人问他:"你是替自己买鞋,还是帮别人买鞋?"

郑人回答:"当然是替我自己买啦。"

那个行人忍不住笑道:"既然是给自己买鞋,那你为什么不用自己的脚穿上试一试呢?"

郑人认真地解释道:"不行,我宁肯相信量好的尺码,也不愿相信自己的脚!"

那个行人大笑不止,说道:"像你这样买鞋,我还真从来没有见过!"

自此,"郑人买履"的故事便被传为笑谈。

寓意

这则寓言说明了死守教条、不从实际出发只会导致失败,讽刺了那些只信教条、头脑僵化、不顾实际的人,至今仍有深刻的教育意义。

支公好鹤

语出——南朝宋·刘义庆《世说新语》

释义

支公喜欢仙鹤。比喻要给所喜欢的事物一个自由的空间,不要对其过分压制、束缚。

故事

古时候有个叫支公的人,非常喜欢仙鹤。他常常到仙鹤出没的地方,远远地欣赏仙鹤吃东西、散步时的一举一动,心里感到非常高兴。他经常想:要是能有仙鹤长久为伴,那该多好啊!

终于,在支公搬到剡(shàn)溪东峁(mǎo)山居住的时候,一位深知支公爱好的老朋友给他送来了一对小仙鹤。支公高兴极了,像对待自己的儿女一般对待仙鹤,给它们吃上好的食物,细心照料它们的起居。高兴的时候,他还常把仙鹤搂在怀里跟它们说话。仙鹤每天与支公为伴,还常常给他跳舞,令他的晚年变得不再寂寞。时间久了,支公和仙鹤之间的感情越来越深厚。

时光飞逝,仙鹤的羽毛很快长齐了。它们天天扑打着翅膀,想飞到属于它们的地方去。支公实在舍不得仙鹤离开,犹豫再三,还是用剪刀把仙鹤的翅膀剪短了。

这下子仙鹤真的没有办法飞起来了。它们总是先扑打一阵翅膀,又回头看看,接着就沮丧地低下头,无精打采地走来走去。它们再也不像以前那样欢叫起舞了,渐渐失去了活力,连眼神都在一天天地暗淡下去。

　　支公对这一切看在眼里,疼在心里。一位咏鹤僧人就对他说:"鹤生来是应该翱翔在天空的,怎么会甘心当人的宠物,被豢养玩耍呢!"

　　支公听了这话后悔极了,从此更加精心地饲养两只仙鹤,让它们的翅膀很快又长齐了。于是,支公就带着仙鹤来到野外,把它们放在地上,依依不舍地对它说:"仙鹤啊,快飞吧,到远方实现你们的理想去吧!"话音未落,两只仙鹤就扑打着翅膀飞上了蓝天。它们鸣叫着在支公头上盘旋了几圈,好像在感谢他的恩情,然后便向遥远的天边飞去了。

寓意

　　这则寓言启示我们:对于有才能、有志向的人,我们应该给他充分施展才能、实现抱负的空间,而不应该压制他、束缚他,这样才算重视人才、爱惜人才;对于喜欢的人或动物,我们也不要对其过分约束,应该给其一个自由的空间。

知人不易　　语出——《吕氏春秋》

释义

　　要真正了解一个人很不容易。

故事

孔子被困在陈国、蔡国之际的时候,只能吃些粗劣的食物,7天没有吃到粮米。孔子饿得只好白天躺着睡觉。

孔子的弟子颜回出去讨米,讨回米后再烧火煮饭。饭快熟时,孔子望见颜回抓取锅里的饭吃。没多久,饭烧熟了,颜回向孔子献上饭食,请他吃饭。孔子假装没有看见颜回抓饭吃,起身说:"刚刚梦见我的先人,我自己先吃干净的饭然后才给他们吃。"

颜回立即回答说:"不是那样的,刚刚炭灰飘进了锅里,弄脏了米饭,丢掉又不好,我就抓来吃了。"

孔子叹息着说:"按说应该相信眼睛看见的,但是眼睛看见的也不一定可信;应该依靠的是心,可是心里揣度的还是不足以依靠。你要记住:要了解一个人确实不容易啊!"

寓意

这则寓言告诉我们,要真正了解一个人,只靠眼睛和脑子是不行的,还要更深入、更全面地进行考察,这样才能作出正确的判断。

指鹿为马

语出——西汉·司马迁《史记·秦始皇本纪》

释义

指着鹿,说是马。比喻故意颠倒黑白,混淆是非。

故事

秦始皇死后,宦官赵高想乘机图谋不轨,篡夺朝中大权。因此,他隐瞒了秦始皇的死讯,并假传圣旨,令秦始皇的长子扶苏自杀,立次子胡亥为太子,然后宣布国丧。这以后,赵高就扶助胡亥当上了皇帝,即秦二世,而他自己则当仁不让地做了丞相,掌握了秦朝的军政大权。

随着权势的不断提升,赵高的野心也越来越大,逐渐起了篡夺皇位的歹念。但他尚存顾虑,摸不透朝廷中的文武百官会不会服从他。于是,他日思夜想,绞尽脑汁,最后终于想出了一个坏主意。

有一天上朝的时候,赵高牵来一头鹿,对秦二世说:"陛下,臣献给您一匹好马。"秦二世笑道:"丞相弄错了吧? 把鹿说成了马。"

赵高严肃地说:"这明明是一匹马嘛! 陛下如果不信,可以问问朝廷上的百官,看我说得对不对。"

秦二世这一下可真的怀疑起自己的眼睛来了。他用征询的目光扫了一周,然后问道:"你们看这究竟是鹿还是马啊? "

这时候,赵高的亲信和许多趋炎附势的臣子都连声答道:"丞相说得对,这的确是一匹马呀! ""没错,就是一匹马嘛! "但是,另一些正直的大臣不愿说颠倒是非、昧良心的话,却又怕因此得罪了赵高而惹祸上身,便干脆不做声。只有少数不惧怕赵高的大臣,敢于在朝廷上戳穿赵高"指

鹿为马"的谎言。赵高对他们恨得咬牙切齿,暗暗记下了他们的名字。事后,他便开始千方百计地整治、陷害他们,使他们一个个都没有逃脱死亡的厄运。

寓意

　　这则寓言深刻地揭露了倚仗权势、颠倒是非、欺上压下的野心家的丑恶嘴脸。它告诫人们,要明辨是非善恶,不要善恶不分、颠倒黑白,更不要做趋炎附势的势利小人。

智擒鱼鹰　　语出——明·耿定向《权子》

释义

比喻能根据新情况改变处事方法,不光凭老经验办事的人。

故事

　　有一个人家里有一片鱼塘,他每年都要靠这片鱼塘赚些钱来养活自己和家人。可是,鱼塘附近有很多鱼鹰,常常一群一群地来啄鱼吃,赶也不好赶,抓又抓不住,养鱼人为此十分发愁。

　　有一天,鱼鹰又来吃鱼,养鱼人跑过去冲它们挥挥手,鱼鹰便受惊跑

了。养鱼人忽然灵机一动,想出个好办法。他扎了个稻草人,让它伸开两臂,穿着蓑衣、戴着斗笠,还拿了一根竹竿,就像一个养鱼人的样子。养鱼人把稻草人插在鱼塘里,用它来吓唬鱼鹰。起初,鱼鹰以为是真人,因此很害怕,只敢在草人的上空盘旋,一点儿都不敢接近它。

这样过了几天,鱼鹰都没有再来吃鱼。可是渐渐地,它们见鱼塘里的人总是一动不动,就起了疑心,不断地壮着胆子飞下来看。这样一来,它们很快发现这是个假人了,就又飞来啄鱼吃。鱼鹰吃了一条条的鱼,肚子吃饱了,就站在草人的斗笠上边晒太阳边休息,很是悠闲,还不停地发出"假假、假假"的叫声,好像是在嘲笑养鱼人说:"假的,假的,这个人是假的呀!"

养鱼人生气极了,恨恨地盯着得意洋洋的鱼鹰。过了一会儿,他忽然心生一计。

趁鱼鹰不在的时候,养鱼人悄悄地把稻草人从鱼塘里拔出来拿走了,自己披上蓑衣、戴上斗笠,手里拿着竹竿,像稻草人一样伸开双臂站在了鱼塘里。

过了一会儿,鱼鹰又来了。它们以为鱼塘里还是原先的假人,就又放心大胆地飞下来吃鱼。吃饱之后,一只鱼鹰又飞到养鱼人的斗笠上休息,"假假、假假"地叫唤着。养鱼人趁它不注意,一伸手就抓住了鱼鹰的爪子。鱼鹰使劲地鼓动着翅膀,可是怎么也挣不脱。养鱼人笑呵呵地说:"原先是假的,可这一回是真的啊!"

寓意

这则寓言告诉我们:世间万物都是不断发展变化的,如果我们总是用一成不变的眼光去看待它,总是凭以往的老经验办事,看不到事物的发展变化,发现不了新问题,就避免不了意想不到的失败甚至灾难;反之,如果我们能根据新情况改变处事方法,则会收到很好的效果。

中山猫

语出——明·刘基《郁离子》

释义

既善于捕鼠，又喜欢吃鸡的中山国的猫。比喻既有优点又有缺点的人才。

故事

有个赵国人深受老鼠之害，便到中山国去讨要猫。中山国人便给了他一只猫。这只猫很善于捕捉老鼠，但也善于捕捉鸡。过了一个多月，他家的老鼠被捉净了，但是鸡也没有了。他的儿子很忧愁，就对他说："为什么不把这只猫除掉呢？"

他听后便说道："这个道理不是你能知道的。我们的祸害在于有老鼠，并不是在于没有鸡。有了老鼠，则偷我们的粮食，咬碎我们的衣服，打穿我们的墙壁，损坏我们的用具，这样我们就会挨饿受冻了，这不比没有鸡更有害吗？没有鸡，只不过不吃鸡罢了，离挨饿受冻还差得远着哩，为什么要把这只猫除掉呢？"

儿子听了他的话，觉得很有道理，于是仍然把猫养在了家里。

寓意

这则寓言告诉我们一个道理：我们做任何事情都不要害怕付出代价，鱼与熊掌同时兼得的事是极少的，两弊之间应取其轻，不可贪小利而忘大害；在解决问题时，我们必须全面地看待得与失，学会抓住和解决主要矛

盾,正确处理主要矛盾和次要矛盾的关系。同时,这则寓言还告诫我们,不但应一分为二地看待事物,看待猫的存在价值,还应一分为二地看待有缺点有过错的人。某些有才能有作为的人,同时可能具有这样那样的怪癖或缺点,假如我们只看到他不好的一面而加以排斥与打击,就会埋没一个人对社会的价值与贡献。所谓"金无足赤,人无完人",倘若我们能够全面分析并正确地使用那些虽有明显缺点却又有独特才干的人,也就是正确地理解了取大利而避小害的道理。

专心致志　　语出——《孟子·告子上》

释义

把心思全放在上面。形容一心一意,聚精会神。致:尽,极。志:意志。

故事

战国时期,齐王管理国家没有什么成就,当时人们很不满意。有人认为大概是齐王的资质不够,不太聪明。孟子却不这么认为。为了说明这个问题,他先向齐王举了一个一曝十寒的例子,然后又举了一个下棋的例子。

孟子说:"下棋作为一种技艺,不过是一种小技艺而已,但是如果不专心致志,那就学不好。弈秋是全国闻名的下棋能手,假如让他教授两个人

下棋,其中一个人专心致志地学,一心只听弈秋讲解;而另一个人虽然也听着,但心里却总想着天上有天鹅飞过来了,准备拿弓箭去射它。这样,纵使后一个人和前一个人一起学习,但他的棋艺一定不如前一个人好。这难道是他不如人家聪明吗? 我说:显然不是这样的。"

孟子认为,只有专心致志地学习,才能培养和提高人的智力,才能达到正确认识客观事物规律的目的;相反,如果不专心致志地学习,智力经常被削弱、分散或抵消,就得不到足够的培养,从而得不到发展和运用,失掉学习的效果。所以说,齐王管理国家没有什么成就,根本不是资质不够的问题,而是他的精力没有放在管理国家大事上罢了。

齐王听了,觉得孟子说得很有道理,羞愧得低下了头。

寓意

这则寓言告诉我们,专心致志是学习的唯一秘诀。如果一个人自恃聪明,学习时总是心不在焉、心猿意马,就是老师再优秀再高明,他也是学不好的。所以,学习的时候,我们一定要专心致志,把心思全放在所学习的东西上面,只有这样才能真正学好,才能取得优异的成绩。

庄子知鱼乐   语出——《庄子·秋水》

释义

庄子知道鱼的快乐。指对于同一件事物,每个人都有自己的想法。

故事

庄子在濠水桥上与著名的哲学家惠施一起散步。他看见鱼在水中悠然自得地游来游去,便对身边的惠施说:"鱼儿游得多么悠闲自在,这就是鱼儿的快乐啊!"

这时候,惠施不以为然地反问庄子:"你不是鱼,怎么知道鱼的快乐呢?"

庄子反唇相讥:"那么,你不是我,怎么知道我不了解鱼儿的快乐呢?"

两个人你一言我一语,互不相让。惠施辩解道:"我不是你,当然不知道你的想法;你原本也不是鱼,你也不会知道鱼的快乐,难道不是这样吗?"

庄子到底是个有学问的人,十分善于发现问题的症结。他认为两个人争论的焦点是,你问我怎么知道鱼的快乐,这是你承认了我了解鱼的快乐以后才会提出的问题。于是,他告诉惠施:"我是在濠水桥上知道的。"

寓意

这则寓言的本意是说庄子善体物性,向往鱼出游从容、率性逍遥的真

朴境界。它告诉我们:观察和评断事情有很多可能的角度,不妨多以不同的角度去考虑事物;对于同一件事物,每个人都有自己的想法。

自相矛盾 语出——《韩非子·难势》

释义

比喻说话做事前后抵触。矛:进攻敌人的刺击武器。盾:保护自己的盾牌。

故事

从前,有一个楚国人扛着一些矛和盾牌到集市上去卖。他把这些兵器摊放在地上,让人观看、选购。过了好一会儿,还是只有看的人,没有买的人。

这个楚国人怕人们不识货,随手拿起一面盾牌,高声喊道:"众位注意了,这盾牌可是非常坚固的,多么锐利的武器都休想刺破它! 快来买吧! "

围观的人大多半信半疑,有的还去摸摸盾牌,但仍然没有人买。

那人见大家不想买他的盾牌,又从地上拣起一支矛,在手中比画了一番,然后又高声喊道:"请众位再瞧瞧这支矛,多么锐利啊,任何东西它都能刺破! 快来买吧! "

这时候,有人赞叹,有人怀疑,但更多的人哧哧发笑。其中一个人问道:"喂,你说的话是真的吗?"

"当然是真的!"那个楚国人理直气壮地回答。

那个问话的人就拣起一面盾牌和一支矛,用矛尖刺着盾牌问道:"要是用你夸奖过的矛来刺你夸奖过的盾牌,那会如何呢?"

那个楚国人顿时窘得无话可说,赶紧收起他的矛和盾牌离去了。

寓意

这则寓言告诫人们,说话做事都要讲求实际,恰如其分,切不可盲目夸大、自吹自擂。

邹忌比美 语出——《战国策·齐策一》

释义

指因听信别人的恭维之言而失去自知之明。

故事

战国时候,齐国有个人名叫邹忌,他凭借出众的才华得到了齐威王的赏识,当上了齐国的宰相。邹忌身材很高大,且容貌俊美、仪表堂堂,他自

认为是个美男子。一天早晨，他正照着镜子穿衣服，忽然转过头来问妻子："我和城北的徐公比，谁长得更美？"妻子听了微微一笑，说："当然是您美了。"

邹忌所说的这个"徐公"，是当时齐国公认的最英俊的男子。听妻子说自己比徐公漂亮，邹忌有点不相信，就又问小妾："你说，我和城北的徐公比，谁更漂亮？"小妾不假思索地对他说："城北的徐公怎么能和您相比呢？"邹忌听了心里特别高兴，心想："也许我真的比徐公漂亮呢！"

第二天，有客人从外面来拜访邹忌。邹忌同客人坐着谈话，又问道："我和徐公相比，谁更漂亮？""当然是您漂亮了！"那位客人说。邹忌听了心里美滋滋的。

又过了一天，徐公来了。邹忌仔细地端详他，自认为不如徐公漂亮；再照镜子看看自己，更觉得自己的相貌远不如徐公的。晚上，邹忌躺在床上思考这件事，心想：我实际上远远不如徐公漂亮，可为什么周围还有那么多人硬说我比徐公漂亮呢？想了半天，他终于得出了结论：妻子说我漂亮是因为偏心，我在他眼里当然比徐公漂亮了；小妾说我漂亮是因为害怕我，想讨好我；客人说我漂亮，是因为想求我为他办事。

第二天，邹忌进宫拜见齐威王，说："我确实知道自己不如徐公漂亮，但我的妻子偏爱我，我的小妾害怕我，我的客人有求于我，都异口同声地说我比徐公更美。齐国方圆有一千多里，有一百二十多座城池，王宫里的妃嫔哪一个不偏爱大王？朝廷里的大臣哪一个不畏惧大王？齐国的老百姓哪一个不需要您的帮助？从这样的情形看来，大王平常要受到多少蒙蔽啊！"

齐威王听后沉思了一会儿，然后似有所悟地说："先生说的确实很对啊！"

过了几天，齐威王向全国颁布了一道诏书，诏书上写道："官吏和老百姓，凡是能够当面指出国王错误的，就能获得头等奖赏；凡是能写奏章批

评国王的，就能获得中等奖赏；凡是能在公共场所议论国王过错，并且能让国王知道的，就能获得下等奖赏。"

这道诏书颁布后没有几天，王宫前等待向齐王提意见的人就聚集了很多。几个月后，来王宫向齐王提意见的人已经没有几个了。一年以后，就是想提意见，也没有什么好提的了。

齐威王虚心听取各方面的意见，大胆改革，齐国很快强盛起来。其他国家听说齐威王非常善于听取各方面的意见，都觉得不能小看齐国，纷纷向齐国进贡。齐威王由于善于听取意见，没有动用一点儿武力，就达到了称霸的目的。

寓意

这则寓言发人深省，说明当权者要广开言路，要广泛地听取各方面的意见。同时，它也告诫人们，如果有了优越条件或取得了一点儿成就便飘飘然，甚至孤芳自赏，陶醉在一片赞扬声和恭维声中，那就十分危险了。